FLUSSO EMOTIVO

FLUSSO EMOTIVO

Un Approccio Olistico Per Guarire Il Sadismo

Peter Fritz Walter

Published by Sirius-C Media Galaxy LLC
Business Filings Incorporated
108 West 13th St., Wilmington, DE 19801, USA

2020 Kindle Edition

Designed by Peter Fritz Walter

Italian Translation by Peter Fritz Walter

Publishing Categories
Self-Help / Emotions

Publisher Contact Information
publisher@sirius-c-publishing.com
http://sirius-c-publishing.com

Author Contact Information
pfw@peterfritzwalter.com

About Dr. Peter Fritz Walter
http://peterfritzwalter.com

CONTENUTO

INTRODUZIONE

Cosa Sono le Emozioni?

Cosa sono le emozioni? Per rispondere a questa domanda un po' intricata, guardiamo cosa *fanno* le emozioni. La risposta è che le emozioni guariscono. E ci si può chiedere che cos'è che guariscono? E io dico che le emozioni guariscono il sadismo.

Quindi non siamo ancora realmente alla luce, perché non sappiamo cosa sia il sadismo. Ne abbiamo sentito parlare; alcuni pensano che il sado-masochismo sia normale, altri dicono che è una perversione, altri ancora dicono che tutto dipende, per esempio dall'età dei partner. Ma questo non ci aiuta molto a capire cosa sia il sadismo. Io propongo di avere una considerazione funzionale sul sadismo, e sulle emozioni.

Prima di tutto, la nostra è una società intrinsecamente sadica. In secondo luogo, il nostro compito è, individualmente e collettivamente, quello di aiutare le nostre emozioni a tornare a fluire e quindi a guarire il nostro sadismo individuale e culturale.

Si può pensare che sia ovvio che il sadismo sia una patologia in cui le emozioni sono bloccate o assenti. Ma nella nostra cultura questa verità è velata perché la natura bioenergetica delle emozioni è generalmente ignorata.

Quindi, generalmente non si sa cosa significhi il *flusso emotivo* e cosa faccia, funzionalmente, nel nostro organismo. Più di vent'anni di ricerca sulle emozioni hanno portato alla mia scoperta che le emozioni sono ancora oggi considerate dalla scienza moderna e dalla psicologia come elementi statici della cognizione.

Il problema qui è che la loro *natura energetica* è generalmente negata o trascurata nella letteratura scientifica.

La verità è che le emozioni *fluiscono* e che il flusso è ciò che più caratterizza la natura delle emozioni, per questo parlo di flusso emotivo. Arriverei a dire che il flusso è insito nelle emozioni nel senso che quando il flusso è ostruito, l'emozione esplode, e la sua polarità è invertita al contrario.

Questo cambiamento di polarità significa che la carica bioenergetica contenuta nell'emozione cambia da positivo a negativo; questo a sua volta porta nella maggior parte dei casi all'emozione a diventare abrasiva, caotica e distruttiva, e quindi dannosa.

Mentre le emozioni naturali non sono mai dannose, anche quando sono calde e virulente, come la rabbia, la rabbia, l'odio o i sentimenti di vendetta, queste emozioni calde non sono distruttive di per sé, ma salutari finché fluiscono. Finché fluiscono, le emozioni sono temporanee e cambiano costantemente e ciclicamente. In altre parole, le emozioni si riciclano da sole. Ecco perché è così importante essere consapevoli delle emozioni, perché *la coscienza migliora il flusso emotivo.*

La coscienza stessa è fluida, ed è per questo che migliora il flusso. Inoltre, le emozioni sono relazionali nel senso che non sono isolate in natura, ma si trovano sempre all'interno di relazioni, non forzatamente relazioni tra chi guarda l'emozione e qualcun altro, ma prima di tale comunicazione esterna, servono funzioni cognitive e comunicative all'interno della persona: le emozioni, quando sono vivide e fluide, aprono legami di comunicazione tra il nostro io interiore. In questa funzione, le emozioni sono da considerarsi non come 'elementi di cognizione,' come spesso viene erroneamente affermato nella letteratura psicologica, ma come *modelli di cognizione.*

Mentre gli elementi sono situazionali, statici e materiali, i modelli sono relazionali, dinamici e immateriali o energetici. Così com'è, le emozioni non possono essere adeguatamente comprese usando la fraseologia della scienza occidentale, perché ignora deliberatamente il fatto che la vita è codificata in modelli.

Senza comprendere il *modello energetico,* è impossibile comprendere la natura e la funzionalità delle emozioni. Questo perché le emozioni sono energia, e non pensiero o elementi del processo cognitivo, come la scienza moderna ancora postula.

La vita è energia. È così semplice. Storicamente, nel nostro passato, la conoscenza della vita era proibita e lasciata agli alchimisti che rischiavano la persecuzione e la morte se perseguivano l'unica vera scienza che esisteva a quel tempo: l'alchimia. Eppure, anche durante la nostra cosiddetta era scientifica dell'umanità, il tabù della conoscenza di base continua a persistere e i dominatori hanno solo cambiato campo. Quello che prima era il privilegio dei funzionari della Chiesa, è stato consegnato agli scienziati.

Paracelso, Franz Anton Mesmer e Wilhelm Reich, tre ricercatori eccezionali, guaritori e pionieri della scienza olistica, hanno dovuto subire disprezzo e persecuzione per tutta la vita, soprattutto da parte dei loro colleghi professionisti. Eppure sono tra i pochi che in Occidente hanno capito di cosa è fatta veramente la vita.

Con la scoperta delle *Scritture di Essene* negli anni venti da parte del dottor Edmond Bordeaux-Szekely e la loro diffusione in tutto il mondo, molti di coloro che un tempo credevano nella religione organizzata iniziarono a riscoprire la loro vera identità religiosa, e la conoscenza originale della vita, che un tempo era il frutto tabù dell'albero della conoscenza, si rivelò essere una parte intrinseca della filosofia perenne.

Ciò che era più tabù in questa scienza stranamente riduzionista dell'Occidente era l'energia, non l'energia cinetica nel senso della scienza convenzionale, che è un termine quantitativo, ma l'energia stessa che anima tutti i viventi, la *forza vitale* o *campo energetico bioplasmatico*.

Un tale campo unificato non può essere quantificato perché è sottile e sottostante, eppure in tutte le tradizioni scientifiche non occidentali, questo campo fondamentale della vita, o principio creatore, era ed è riconosciuto ed esplorato scientificamente.

Tra il Feng Shui, che è la scienza orientale della bioenergia, gli insegnamenti dell'Essene, tradizioni simili in Egitto, India e Persia, e i loro correlati occidentali nelle tradizioni curative alternative, non c'è alcuna differenza fondamentale.

Paracelso, Goethe, Mesmer, Reich, Hahnemann e altri scienziati che hanno avuto origine dalla perenne tradizione della scienza olistica sono stati tutti pensatori sistemici e olistici e hanno descritto l'interconnessione, l'interrelazione e la comunicazione intrinseca in tutta la materia organica. Trovare insegnamenti separati che sono in realtà la stessa cosa viene da una visione del mondo che è residuale, frammentata, schizoide e separativa, e che vede la vita come uno strano conglomerato di cose non correlate.

In realtà, la vita è un insieme integrato che è cosciente, organico e in germoglio di vitalità, vibrante e puro, e in cui tutte le parti sono connesse e funzionali. La scienza perenne, e anche i moderni paradigmi della scienza olistica, partono dalla premessa che la vita può essere compresa solo una volta che la vediamo non come statica e fisica, ma come dinamica ed energetica. Lo stesso che ho scoperto essere vero per le emozioni.

Questo può essere facilmente esemplificato guardando la qualità intrinseca dell'acqua che scorre. L'acqua è sempre stata considerata dalle scienze orientali come fonte di sana energia *ch'i*. Questa legge del flusso energetico nell'organismo vivente, e il suo corollario, quando l'energia si ostruisce, vale anche per le emozioni.

Le emozioni che fluiscono liberamente sono salutari e favoriscono la crescita; sono come l'acqua che scorre, accumulando e potenziando l'energia vitale, e cambiano rapidamente, poiché l'acqua cambia forma seconda del suo contenitore. Allo stesso modo, le emozioni diventano stagnanti quando le energie vitali sono retrograde, cioè quando le emozioni vengono negate, respinte e bloccate, ostacolando così il loro libero flusso, tipicamente reprimendo particolari emozioni. Quello che poi accade è che la loro sana energia vitale diventa malsana e violenta.

Questo è stato dimostrato dal lavoro nel deserto di Wilhelm Reich, che ha dimostrato sperimentalmente che le emozioni influenzate dall'orgone negativo possono essere ritrasformate in sane emozioni positive dal lavoro biogenico del corpo. O, per dirla in termini di *Feng Shui,* l'energia *sha,* che è la controparte negativa del *ch'i,* può essere ritrasformata in ch'i positivo utilizzando un rimedio.

Ci sono modelli di vita di base prima del Feng Shui. Essi rappresentano modelli generali che valgono anche per la medicina cinese e l'astrologia. In realtà, se si guarda bene si vede che il Feng Shui, che letteralmente significa 'vento e acqua,' non è altro che il risultato di un'osservazione molto attenta della natura.

Le scienze olistiche sono sistemiche, non meccaniche, e vedono relazioni tra le cose e gli eventi che sembrano non avere alcuna relazione. Per esempio, il Feng Shui insegna come interagire con la natura e il nostro ambiente in modo da influenzare positivamente il destino.

—Si veda Peter Fritz Walter, Basics of Feng Shui: The Art and Science of Sensing the Energies, Scholarly Articles, Vol. 11 (2015/2017).

Osservando i paesaggi e misurando il *ch'i* in diverse formazioni paesaggistiche, questa secolare scienza cinese ha scoperto che possiamo influenzare il flusso del *ch'i* disponendo il rapporto degli oggetti in un certo modo, sia all'interno che all'esterno della casa, sia in una compagnia o nel paesaggio circostante. Tuttavia, se partiamo da un paradigma fondamentalmente statico che regnava fin da allora su Aristotele in Occidente, troveremmo in effetti dubbioso agire sull'invisibile innescando cambiamenti nel visibile, o in altri termini, agire sull'interno toccando l'esterno.

Uno sguardo più attento ai principi alla base delle cerimonie di benedizione per le nuove case, per esempio a Bali, rivela un concetto di vita basato sull'energia che, simile al Feng Shui, presuppone che possiamo purificare e trasformare le energie in modo da innescare benedizioni multiple. È interessante notare che anche in Occidente, prima che la Chiesa esercitasse il suo controllo assoluto e tirannico sulla conoscenza, gli scienziati e gli astrologi occidentali avevano una comprensione di quello che all'epoca veniva chiamato *l'etere*.

Questi alchimisti conoscevano le forze della natura tanto quanto i loro colleghi in Oriente. La grande collezione di Paracelso di rimedi curativi e la conoscenza delle energie vitali intrinseche delle piante è profondamente radicata nella saggezza popolare della cultura germanica pagana. Possiamo seguirla fino a Goethe, i cui scritti scientifici sono stati profondamente influenzati da quella stessa visione animistica del mondo.

Nei capitoli successivi parlerò della comprensione scientifica e psicologica delle emozioni, e di come sono state comprese e spiegate dalla scienza perenne, e dalla scienza e filosofia orientale; il prossimo passo sarà logicamente quello di chiedere come gestire le nostre emozioni, e come possiamo guarire le patologie che sono create dalla cattiva gestione delle emozioni.

Mostrerò anche come la violenza, nelle varie forme che incontriamo nella società moderna, può essere spiegata e compresa in modo paradigmatico utilizzando una *comprensione bioenergetica, funzionale e dinamica* e non una presa statica e moralistica delle emozioni.

Capitolo Uno

Scienza ed emozioni

Introduzione

Nel presente saggio comprenderemo che le emozioni non sono mai state veramente identificate e comprese nel mondo occidentale a causa della generale negazione di riconoscere che *la vita è energia;* le recenti attenzioni che le emozioni sembrano ricevere in alcune università sono dopotutto necessarie, dato che la scienza tradizionale deve recuperare un corpo di conoscenze che finora ha costantemente ignorato e rifiutato.

La stupefacente ricerca che il *Dr. Wilhelm Reich (1897-1957),* quasi da solo, ha condotto su questo importante argomento, non è mai stata menzionata dagli scienziati mainstream; questa ignoranza non è basata su una valutazione razionale. Probabilmente non si basa su alcuna valutazione, poiché Reich è stato rifiutato in alcuni casi comprovati da persone che non hanno mai letto nemmeno uno dei suoi numerosi libri. Eppure sarebbe un possibile luogo in cui portare l'albero della conoscenza perduto e integrare una visione funzionale ed energetica delle emozioni nella psicologia cognitiva e nella psicoanalisi.

I pochi ricercatori che hanno mostrato la verità sono stati evitati e perseguitati per tutta la loro vita e le loro rivelazioni e scoperte importanti non hanno trovato il plauso e l'interesse che meritano veramente.

La *piaga emotiva,* e il suo principale strumento, il moralismo, sta crescendo invece di diminuire; così la possibilità che la cultura occidentale cresca in una cultura emotivamente più equilibrata e consapevole è stata in gran parte annientata dalla recente recrudescenza di forme di governo restauratrice e fasciste che cercano di reprimere le conquiste scientifiche e culturali che sono state fatte per lo più nel corso del XX secolo in materia di ricerca olistica su cosa siano le emozioni e perché abbiamo bisogno di emozioni vive per vivere in modo pacifico e costruttivo.

A causa della quasi totale errata valutazione delle emozioni e del ruolo che esse svolgono nel sano organismo umano e animale non corazzato, la sessualità non è mai stata veramente compresa; il dogma freudiano che assume tutte le nostre emozioni sessuali come pulsioni inconsce è semplicemente sbagliato, un mito come molte delle sue acclamate e servili teorie.

La ricerca sul sesso deve ripartire da zero per vedere dove sta la verità in materia di attrazione sessuale; mettendo da parte i miti, si vede chiaramente che all'inizio di ogni attrazione sessuale c'era un'attrazione emotiva; l'attrazione sessuale segue l'attrazione emotiva, e *non viceversa* come la maggior parte dei sessuologi credono.

Quando dico che le emozioni influiscono sulle nostre attrazioni sessuali, non lo dico in senso meccanicistico, come quando si prova gioia o rabbia, si reagisce sessualmente. Per niente. Quello che dico è che le emozioni sono *flussi di energia cosmica* e come tali sono portatori di coscienza. Nella loro qualità di portatori di coscienza, quindi, le emozioni fanno il collegamento tra il nostro processo di consapevolezza e le nostre attrazioni sessuali.

Contrariamente alla sessuologia tradizionale, sto dicendo che ogni attrazione sessuale, quando non è repressa e negata, è consapevole nel senso che può essere facilmente controllata. È solo nei disturbi nevrotici o psicotici che la sessualità diventa compulsiva, soprattutto nel *sadismo sessuale*. Nel caso normale, il naturale legame funzionale tra emozioni e flussi di energia sessuale fa sì che siamo consapevoli dei nostri processi sessuali e quindi non abbiamo bisogno di leggi e punizioni draconiane per controllarli. Questo è qualcosa che in realtà non è mai stato compreso in tutta la storia scientifica occidentale, ed è per questo che tutto il nostro sistema di diritto penale si basa sull'ignoranza, ed è totalmente inefficace sia per quanto riguarda i crimini passionali che i crimini sessuali. Di conseguenza, ci sono considerazioni politiche, giuridiche e di politica sociale che scaturiscono dalla mia rivalutazione delle emozioni nell'ambito della cultura occidentale.

—Si veda Peter Fritz Walter, The Energy Nature of Human Emotions and Sexual Attraction: A Systematic Analysis of Emotional

Identity in the Process of the Human Sexual Response
(2014/2017).

La scienza perenne, soprattutto in Cina, sapeva che le emozioni non sono altro che fluenti *ch'i*, ed è per questo che la medicina cinese può regolare in modo così efficace i disturbi emotivi. Poiché la causa alla radice di molte malattie fisiche sono i disturbi emotivi, che sono squilibri energetici che somatizzano, la medicina cinese può curare molte più malattie di quante ne possa curare la medicina occidentale. Questo è uno dei motivi per cui in Asia la sessualità è molto meglio compresa rispetto all'Occidente e non incontra la paura che circonda le questioni sessuali nel mondo occidentale. Questa paura è in gran parte la paura dell'ignoto, paura creata dall'ignoranza e dalla superstizione, poiché la natura della sessualità non può essere compresa in una società che è completamente meccanicistica nella sua comprensione dell'unità psicosomatica. Questo sta gradualmente cambiando in meglio, ma siamo ancora lontani dalla comprensione che la scienza cinese ha delle emozioni, della sessualità e della loro interazione.

La medicina cinese può spiegare come le emozioni diventino patologiche, mentre la scienza e la psicologia occidentale qui toccano completamente il buio, con il risultato che il sadismo non è compreso dalla scienza e dalla psichiatria occidentali, ed è per questo che non c'è prevenzione praticata o raccomandata per ostacolare lo sviluppo del sadismo sessuale e non sessuale.

La schizofrenia è un buon banco di prova per vedere la validità di ciò che dico. Non per niente la schizofrenia non è mai stata curabile con la psichiatria occidentale, fino a quando Wilhelm Reich non ha usato tecniche molto simili alla medicina cinese, e potrebbe curarla, probabilmente per la prima volta nella storia della psichiatria occidentale. Questo perché Reich capì che la schizofrenia è semplicemente un *disequilibrio energetico,* un'ostruzione del flusso emotivo, e viene curata una volta che il flusso emotivo è di nuovo intatto.

Tutta la nostra cognizione, la nostra percezione e anche l'elaborazione delle informazioni nel nostro cervello dipende dal nostro flusso emotivo. Quando il flusso emotivo è ostruito, il processo di percezione lavora sottosopra, in un certo senso, per creare illusioni, perché la chiarezza della percezione è velata.

Ecco perché la *comprensione funzionale* delle emozioni è fondamentale per la corretta valutazione cognitiva delle malattie fisiche e mentali. Il flusso emotivo funzionale è il fondamento della salute psicosomatica, è così semplice.

LA VISIONE MIOPE

Si è spesso detto che le emozioni sono difficili da cogliere per la ricerca moderna. Sotto un paradigma di scienza meccanicistica, ciò è inevitabile, in quanto non dispone di strumenti di misura per ciò che è in condizione di flusso. E le emozioni, se c'è una caratteristica principale di cui possiamo essere sicuri, sono in uno stato di flusso, e non come oggetti statici che possono essere facilmente osservati.

La scienza, fin dai tempi della *Rivoluzione Industriale,* soffre di una scissione schizoide tra mente e materia, mentre le tradizioni scientifiche non occidentali riconoscono che la natura non può essere inserita né nell'uno né nell'altro dei due concetti che sezionano la vita come i primi cadaveri sezionati dalla scienza medica. Questo rigido dualismo scientifico è una delle ragioni per cui la scienza occidentale rimane ancora oggi ignorante sulla vera natura delle nostre emozioni, e soprattutto sul fatto che le emozioni hanno un impatto sulle nostre attrazioni sessuali.

La ragione della scissione è la mancanza nella scienza occidentale di un concetto di energia unificante, come è esistito per millenni nella tradizione scientifica cinese come *ch'i*, e nella tradizione scientifica indiana come *prana*. Per esempio, con la malinconica tradizione scientifica cinese, la scienza perenne del *Feng Shui* ha formulato le leggi relative all'energia cosmica. Mentre alcuni eretici piuttosto singolari hanno affermato un concetto di scienza simile in Occidente, la scienza ufficiale ha respinto le loro incredibili ricerche con argomenti stereotipati che chiaramente erano e sono conseguenze della visione materialistica del mondo.

La mia ricerca su questo argomento si estende negli ultimi vent'anni, e ho considerato non solo le perenni tradizioni scientifiche asiatiche, ma anche l'eretica tradizione occidentale della scienza olistica, nonché le recenti scoperte della fisica quantistica, della biologia cellulare e della ricerca sulla risonanza cellulare.

Inoltre, ho considerato le tradizioni spirituali e l'insegnamento delle varie religioni in materia di coscienza, e ho trovato chiaramente una *teoria unificante per l'esistenza dell'energia vitale cosmica* come concetto di scienza perenne, che tuttavia soffre della mancanza di una terminologia unificata. Il mio compito era quindi quello di elaborare questa terminologia e di formularla rigorosamente dalla A alla Z, o meglio dalla E all'Emonia.

Quali Sono Realmente le Emozioni

Le emozioni umane non sono ciò che la scienza occidentale assume, o meglio proietta su di esse. Non fanno parte del pensiero, mentre sono elementi del processo cognitivo e quindi al servizio della cognizione, e ciò è molto importante perché contengono l'intelligenza cosmica ad un livello molto più alto del pensiero. Sono ciò che prima chiamavamo la mente.

Ora, sotto il nuovo paradigma della scienza che si sta forgiando sotto il pulpito della fisica quantistica, alla fine gli scienziati concordano sul fatto che il cervello e la mente non sono sinonimi. Infatti, le ultime ricerche sulla coscienza considerano il cervello come qualcosa di simile a un'interfaccia per la mente, e questo presuppone che, quindi, la mente sia la nozione più ampia, e che abbia una connessione essenziale con l'intero universo e la creazione. Questa visione olistica del cervello-mente sostituisce la precedente visione che vedeva mente e cervello come separati e che dava un'importanza e un'esclusività indebita al cervello umano nello spiegare la cognizione. In genere, questo paradigma scientifico dei residui non era in grado di spiegare la percezione extrasensoriale (ESP), la percezione multisensoriale (MSP) e, in generale, i fenomeni psichici.

Ora, ciò che *Emonics* dice che ciò che così nebulosamente è stato chiamato la mente potrebbe essere descritto dalla formula *e ≥ emozioni*. Ciò significa che e, pur essendo il quadro più ampio, è contenuto, senza sosta, nelle nostre emozioni. In un testo chiaro, le nostre emozioni sono direttamente scatenate dall'energia divina e quindi dalla coscienza divina.

Il messaggio ulteriore è che non solo è contenuto nelle emozioni, ma che ogni individuo porta un codice di identità cosmica unico che è un codice vibrazionale, un tag di *identificazione vibrazionale* unico che è scannerizzabile; i paranormali e in generale gli esseri umani altamente sensibili possono riconoscere questo codice di energia cosmica come un codice di identità emozionale.

Poiché io stesso ho questa sensibilità fin dall'infanzia, riconosco chiaramente le persone nei sogni da questo codice vibrazionale. Per esempio, mi capita spesso di sognare una persona specifica che conosco bene, un amico o un parente, ma poi dimentico il sogno. Eppure, dopo il risveglio, sperimento un chiaro accenno di coscienza che mi permette di intuire che ho sognato una persona che conosco bene. Così, ciò che ricevo per primo, non è il sogno, ma qualcosa come una bandiera rossa che mi guida verso il recupero del sogno. Devo solo sedermi e concentrarmi, non sul sogno, ma semplicemente su quella vibrazione che emanava dalla persona nel sogno.

E tipicamente, facendo questo per un piccolo momento, ricordo la persona e tutto il sogno.

Il gancio è invariabilmente quel codice vibrazionale che afferro intuitivamente come qualcosa di simile a un identificatore cosmico che distingue quella specifica persona da qualsiasi altra persona.

Le conseguenze pratiche di una teoria dei campi unificata per quanto riguarda l'energia cosmica sono gigantesche! Per citare solo alcuni dei risultati più immediati che questo paradigma scientifico scatenerebbe:

- Un impatto diretto della coscienza sul tempo;

- Un impatto diretto della coscienza sulla salute psichica;

- La coscienza viaggia indietro nel tempo e in avanti nel tempo;

- Navi spaziali che volano molto al di sopra della velocità della luce;

- Un dominio completo per la gestione delle malattie psicosomatiche;

- Pieno dominio sul condizionamento emotivo e sessuale;

- Gestione intelligente e fluida delle parafilie sessuali;

- Educazione basata sulla coscienza, non sulla morale;

- Una comprensione più profonda dell'amore come chiave emonica;

- e molti altri.

COME LE EMOZIONI DIVENTANO PATOLOGICHE

In realtà, già generazioni indietro nel tempo la saggezza e la scienza cinese conoscevano le vere radici della vita e la fondamentale connessione metarazionale e la natura ciclica di tutti i viventi. La medicina cinese ha sempre visto le emozioni come direttamente legate al flusso della bioenergia.

La medicina tradizionale cinese sottolinea il rapporto tra malattie ed emozioni. Sette fattori emotivi sono riconosciuti: gioia, rabbia, malinconia, preoccupazione, dolore, paura e terrore. Sono

i principali fattori patogeni delle malattie endogene.

Queste sette emozioni patogene sono riflessioni
fisiologiche dello stato d'animo umano o sono indotte da fattori ambientali. In condizioni normali,
questi fenomeni fisiologici non causano malattie.
Solo quando le emozioni si sbilanciano, perdendo
la loro natura *caleidoscopica* a causa di un'emozione
che ne domina un'altra, allora possono indurre
cambiamenti di lunga durata che danno luogo a
malattie. I fattori emotivi patogeni sono considerati
capaci di disturbare le attività funzionali del *ch'i*, il
flusso bioenergetico.

La medicina tradizionale cinese ritiene che la
funzione normale o anormale di un *ch'i* a flusso
libero e libero sia direttamente correlata alle attività
emotive, e che lo stato mentale non sia dominato
solo dal cuore ma anche dal fegato. Quando le attività del *ch'i* sono normali, il corpo gode di una
circolazione armoniosa del *ch'i* e del sangue, di una
mente facile e di emozioni felici. Se c'è una disfunzione nel libero flusso del *ch'i,* essa influisce direttamente sullo stato emotivo dell'individuo.

Secondo Wilhelm Reich, le sensazioni di organo dolce e di fusione sono lo stato naturale di un organismo bioenergeticamente libero di fluire. Le energie vitali sono in un flusso continuo e vengono potenziate quando amiamo e ci sentiamo attratti da un altro organismo. I due organismi cominciano allora a vibrare all'unisono, il che rafforza il flusso bioenergetico in ciascuno di essi.

Il flusso è qualcosa che il normale carattere non corazzato può percepire, di solito come calore o un bel flusso caldo che circola dalla cima della nostra testa fino alle dita dei piedi e ritorno. Tuttavia, come nella nostra cultura fin dall'infanzia le sensazioni del nostro corpo sono velate, represse e chiamate peccaminose e cattive, la vitalità dell'organismo comincia a ridursi e infine, di solito all'interno o dopo la pubertà comincia a mostrare caratteristiche di carattere corazzato o sadico.

Il carattere sadico è il risultato di un blocco bioenergetico che comprende principalmente la regione del bacino, la parte superiore del collo e la regione tra le sopracciglia. In queste regioni, i muscoli sono particolarmente croccanti e inibiscono il libero flusso dell'energia vitale.

Quello che succede è che le emozioni che normalmente sono calde e piacevoli sono percepite come minacciose e che inducono ansia. In genere, più la persona è bloccata nella nevrosi, che rappresenta una percezione ridotta, più le sensazioni naturali degli organi sono percepite come estranee all'organismo e quindi come forze esterne. Questo è particolarmente pronunciato nel caso estremo di un blocco bioenergetico totale che conosciamo come schizofrenia.

L'emonia conferma ciò che Michel Odent afferma nei suoi libri, cioè che le emozioni sono modalità di percezione pienamente funzionali, vere e proprie antenne di coscienza lucida e consapevole.

Mentre questa visione era eretica sotto la schizoide visione del mondo newtoniana o cartesiana, ora sta gradualmente diventando l'ingrediente naturale di un paradigma scientifico veramente olistico che stiamo attualmente formulando sotto l'incantesimo della rigorosa e altamente paradossale scienza della fisica quantistica.

Cosa Dicono gli Scienziati Moderni

Riassumo così che le emozioni non sono mai state veramente identificate e comprese nel mondo occidentale a causa della generale negazione di riconoscere che la vita è energia, e non una mistica eiaculazione divina nella materia.

Può sembrare circolare, o può anche essere un'ipotesi tautologica. Ebbene, sia! Questo deve essere logicamente così all'interno di un universo uroborico e autoriflessivo, dove la vita è sia l'inizio che la fine, l'io e il tu, il tutto e il nulla, la creazione e la distruzione, il no-time e il tutto-tempo, e tutto questo in una volta sola.

Amit Goswami l'ha detto in modo così eloquente, e naturalmente anche con molta più competenza e perizia di quanto possa dirlo io. Nel suo recente libro *The Self-Aware Universe (1995)*, il noto fisico quantistico scrive:

> Quasi un secolo fa, è stata fatta una serie di scoperte sperimentali in fisica che hanno richiesto un cambiamento nella nostra visione del mondo. Ciò che ha iniziato a manifestarsi sono state ... anomalie che non potevano essere spiegate dalla fisica classica. Queste anomalie hanno aperto la porta a una rivoluzione del pensiero scientifico. (Id., p. 24. Traduzione mia.)

A causa della quasi totale errata valutazione delle emozioni e del ruolo che esse svolgono nel sano organismo umano e animale non blindato, la sessualità non è mai stata veramente compresa. Quindi, il dogma freudiano che presuppone che tutte le emozioni sessuali siano 'pulsioni inconsce' è semplicemente sbagliato, un mito come molte delle sue acclamate e servili teorie.

La ricerca sul sesso deve essere riformata per vedere dove sta la verità in materia di attrazione sessuale. Applicando un paradigma di scienza olistica alla psicologia e alla sessuologia e mettendo da parte i miti, vediamo che all'inizio di ogni attrazione sessuale c'era un'attrazione emotiva; l'attrazione sessuale segue l'attrazione emotiva, e *non viceversa,* come molti sessuologi credono.

Il *Barone d'Holbach (1723-1789)* ha detto che la conoscenza diventa comprensione quando oscilla con emozione. Si è spesso affermato che le emozioni sono difficili da comprendere per la ricerca moderna. Questo può essere vero, ma soprattutto a causa della natura della scienza moderna, e della sua scissione nevrotica tra mente e natura, mentre in quella che Riane Eisler chiamava la visione del mondo del partenariato, la mente è radicata nella natura nel senso che la nostra mente è parte di una mente più grande, più universale che abita tutti gli esseri, animati o inanimati. Allo stesso modo, quasi tutte le culture non occidentali riconoscono la natura energetica della vita e del vivere. Queste sono alcune delle ragioni principali per cui la scienza occidentale rimane fino ad oggi quasi ignorante sulla vera natura delle nostre emozioni, e soprattutto su come esse influiscono sulle nostre attrazioni sessuali. Fritjof Capra, in *The Turning Point (1982/1987)* nota:

Nella biologia umana le caratteristiche maschili e femminili non sono nettamente separate, ma si verificano, in proporzioni variabili, in entrambi i sessi. Allo stesso modo, gli antichi cinesi credevano che tutte le persone, uomini o donne, attraversassero fasi yin e yang. La personalità di ogni uomo e di ogni donna non è un'entità statica, ma un fenomeno dinamico derivante dall'interazione tra elementi femminili e maschili. Questa visione della natura umana è in netto contrasto con quella della nostra cultura patriarcale, che ha stabilito un ordine rigido in cui tutti gli uomini sono supposti essere maschili e tutte le donne femminili, e ha distorto il significato di questi termini dando agli uomini i ruoli principali e la maggior parte dei privilegi della società. (Id., p. 19. Traduzione mia.)

La stessa divisione tra mente (yang) e materia (yin), così tipica dell'ignoranza occidentale, è riprodotta nella nostra cultura dalla medicina della materia che è *yang* e autoritaria, una tipica professione maschile—mentre nell'antichità era una professione femminile. È una scienza proiettile che cerca di eliminare gli intrusi indesiderati sotto forma di batteri e virus, con il medico come sceriffo di guerra, la pistola laser in mano per tagliare i tumori del cancro. È una scienza da prima linea che corre con l'ottusità dei soldati piuttosto che marciare con l'illuminazione dei guaritori malinconici. Capra osserva che la nostra società ha costantemente favorito lo *yang* rispetto alla conoscenza razionale dello *yin* rispetto alla saggezza intuitiva, la scienza rispetto alla religione, la competizione rispetto alla cooperazione, lo sfruttamento delle risorse naturali rispetto alla conservazione, e così via. (Id., p. 22). Infatti, generazioni indietro nel tempo eravamo molto più consapevoli delle vere radici della vita e della fondamentale connessione metarazionale e della natura ciclica di tutti gli esseri viventi. Scrive Capra:

> Secondo la saggezza cinese, nessuno dei valori perseguiti dalla nostra cultura è intrinsecamente cattivo, ma isolandoli dai loro opposti polari, concentrandoci sullo yang e investendolo di virtù morale e potere politico, abbiamo portato all'attuale triste stato di cose. (Id. Traduzione mia.)

Uno dei pochi se non l'unico ricercatore occidentale che ha capito il ruolo delle emozioni è stato Wilhelm Reich. In un case report intitolato *The Schizophrenic Split* (1945/1949/1972), Reich afferma a pagina 45:

> Le emozioni sono funzioni bioenergetiche, plasmatiche e non mentali o chimiche o meccaniche.

La medicina cinese ha sempre visto le emozioni come fenomeni direttamente legati al flusso della bioenergia. Per ripeterlo, la medicina tradizionale cinese enfatizza il rapporto tra malattie ed emozioni e riconosce sette fattori emotivi, gioia, rabbia, malinconia, preoccupazione, dolore, paura e terrore. Sono i principali fattori patogeni delle malattie endogene.

Queste emozioni patogene sono riflessioni fisiologiche dello stato d'animo umano o sono indotte da fattori ambientali.

In condizioni normali queste manifestazioni fisiologiche delle emozioni non causano malattie. Tuttavia, se le emozioni sono troppo stressanti e costanti, o se il paziente è troppo sensibile alla stimolazione, possono indurre cambiamenti acuti e di lunga durata che portano alla malattia. I fattori emotivi patogeni sono considerati in grado di disturbare le attività funzionali del *ch'i*, il flusso bioenergetico. Per esempio, secondo un antico detto cinese, 'la rabbia fa correre il *ch'i* verso l'alto, l'eccesso di gioia fa circolare il *ch'i* lentamente, il dolore consuma il *ch'i*, la paura fa scorrere il *ch'i* verso il basso, il terrore fa scorrere il *ch'i* in modo disordinato e l'eccesso di pensiero porta al ristagno del *ch'i*.'

La medicina tradizionale cinese ritiene che la funzione normale o anormale di un *ch'i* che scorre liberamente e senza freni sia direttamente collegata alle attività emotive, e che lo stato mentale non sia dominato solo dal cuore ma anche dal fegato. Quando le attività del *chi* sono normali, il corpo mostra una circolazione armoniosa del *ch'i* e del sangue, una mente facile ed emozioni felici. Se c'è una disfunzione nel libero flusso del *ch'i*, essa influisce direttamente sullo stato emotivo dell'individuo.

Fritjof Capra afferma che l'orgonomia di Wilhelm Reich rispecchia abbastanza da vicino e accuratamente la verità energetica che è sempre stata riconosciuta nella scienza orientale e nella visione del mondo:

> È evidente che il concetto di bioenergia del Reich si avvicina molto al concetto cinese di ch'i. Come i cinesi, Reich ha sottolineato la natura ciclica dei processi di flusso dell'organismo e, come i cinesi, ha visto anche il flusso di energia nel corpo come il riflesso di un processo che si svolge nell'universo in generale. Per lui la bioenergia era una manifestazione speciale di una forma di energia cosmica che lui chiamava energia orgonica. Reich vedeva questa energia orgonica come una sorta di sostanza primordiale, presente ovunque nell'atmosfera e che si estendeva in tutto lo spazio, come l'etere della fisica del XIX secolo. Sia la materia inanimata che quella vivente, secondo Reich, deriva dall'energia orgonica attraverso un complicato processo di differenziazione.
>
> —Fritjof Capra, The Turning Point (1987), p. 378.

Il citato caso di studio sulla schizofrenia che Reich ha condotto è altamente rivelatore. In realtà, esso dimostra non solo che la schizofrenia è un disturbo puramente emotivo o biofisico, ma anche che lo stato mentale del paziente è impeccabile e, nella maggior parte dei casi, addirittura superiore a quello di una persona di controllo.

EMOZIONI E SCHIZOFRENIA

La schizofrenia non è una malattia mentale. Ma al di là di questa intuizione, il case report di Reich ci fornisce indizi sulla natura delle emozioni. Reich osserva ripetutamente che la schizofrenia nasce attraverso la repressione della nostra percezione delle emozioni. All'inizio dell'infanzia ci è stato detto che le calde sensazioni di fusione che proviamo quando ci sentiamo attratti da una persona sono cattive e ci inducono al senso di colpa e devono essere accecate. Le sensazioni dolci e fondenti degli organi sono lo stato naturale di un organismo orgonoticamente ricco che scorre liberamente.

Le energie vitali sono in un flusso continuo e vengono potenziate quando amiamo e ci sentiamo attratti da un altro organismo orgonotico. I due organismi cominciano allora a vibrare all'unisono, il che rafforza il flusso orgonotico in ciascuno di essi. Questo flusso è qualcosa che il normale carattere non corazzato può percepire, di solito come calore o un flusso caldo che circola dalla cima della nostra testa fino alle dita dei piedi e ritorno. Tuttavia, come nella nostra cultura fin dall'infanzia le sensazioni del nostro corpo sono velate, represse e chiamate peccaminose e cattive, la vitalità dell'organismo comincia a ridursi e infine, di solito all'interno della pubertà o dopo la pubertà comincia a mostrare caratteristiche di carattere corazzato e sadico. In *The Schizophrenic Split* (1945/1949/1972), p. 36, Wilhelm Reich afferma:

> Il deterioramento generale dell'organismo nelle fasi successive del processo è dovuto al restringimento cronico dell'apparato vitale, come nella biopatia del cancro, anche se diverso per origine e funzione. L'organismo cancerogeno in contrazione non è in conflitto con le istituzioni sociali, a causa delle sue dimissioni. L'organismo schizofrenico in contrazione è pieno di conflitti con il modello sociale al quale reagisce con una specifica scissione.

Il carattere sadico che è la struttura caratteriale predominante all'interno della cultura industriale occidentale è un'impostazione bioenergetica dove la maggior parte dei centri orgonotici del corpo sono bloccati. Tra queste parti del corpo bloccate sono principalmente la regione del bacino, la parte superiore del collo e la regione tra le sopracciglia. In queste regioni, i muscoli sono particolarmente croccanti e inibiscono il libero flusso delle energie vitali.

Ciò che accade in questa condizione è che le emozioni che normalmente sono percepite come calde e piacevoli, sono percepite come minacciose e creano ansia. Più il personaggio è bloccato in uno schema di negazione, più le sensazioni naturali dell'organo sono percepite come estranee all'organismo e quindi come forze esterne. Questo è particolarmente pronunciato nel caso estremo del blocco orgonotico che conosciamo come schizofrenia, come Reich ha vividamente dimostrato nel suo rapporto sul caso e nei suoi scritti sull'armatura caratterologica. Ma la schizofrenia è solo un caso estremo di ciò che potenzialmente è già presente nell'uomo civile represso. Possiamo distinguere chiaramente due livelli di paranoia, una paranoia socialmente accettata e la schizofrenia. La differenza non è una di qualità, ma solo di grado.

La prima annata è la religione, o quella che viene comunemente chiamata religione, in particolare la religione cristiana. Il diavolo, nella religione cristiana, sono esattamente tutti quei desideri e aneliti che vengono disintegrati e tenuti in gioco da una forte e rigida corazza caratteriale e che, quindi, vengono percepiti come alieni dalla persona, alieni sia nel senso di fuori dal corpo che nel senso di creare senso di colpa. Un passo avanti siamo proprio nel circo della schizofrenia. In realtà è solo un piccolo passo, dopo tutto, perché l'intero sistema di credenze folli è già pienamente sviluppato nella paranoia socialmente accettata sotto forma di religione organizzata. Come osserva Reich:

> In contraddizione con la struttura schizofrenica, la struttura dell'homo normalis mantiene l'una o l'altra delle strutture contraddittorie continuamente in uno stato di repressione. Così, nell'homo normalis, la scissione della personalità è nascosta. (Id., p. 17. Traduzione mia.)

Da queste importanti intuizioni, Reich è giunto a conclusioni allarmanti sulla struttura della nostra società nel suo complesso:

> Dobbiamo quindi concludere che le funzioni mentali della percezione di sé e della coscienza sono direttamente correlate e corrispondono a certi stati bioenergetici dell'organismo, sia in natura che in grado. (Id., p. 45. Traduzione mia.)

Ciò significa, come ha affermato Michel Odent, che le emozioni sono *modalità di percezione*. L'idea che le emozioni siano vere e proprie antenne di coscienza lucida e consapevole è molto rara nella nostra tradizione scientifica occidentale.

È una visione eretica. Tuttavia, è la visione prevalente nella maggior parte delle culture non occidentali e soprattutto nelle culture tribali sciamaniche. Anche Reich è confermato nella maggior parte delle sue scoperte, soprattutto per quanto riguarda la natura delle emozioni, da messaggi incanalati come le visioni di Seth di Jane Robert e altri.

—Jane Roberts, The Nature of Personal Reality (1994) and The Nature of the Psyche (1996), Barbara Marciniak, Bringers of the Dawn (1992), Sanaya Roman, Opening to Channel (1987), and Wendy Munro, Journey into a New Millennium (1997).

Quali sono dunque le conseguenze di queste intuizioni fondamentali nella natura e nel ruolo delle emozioni per l'infanzia, e le condizioni a cui sono sottoposti i bambini all'interno di culture emotivamente repressive?

Wilhelm Reich ha svolto un'ampia ricerca su questo particolare argomento; ad esso è stato dedicato il suo ultimo libro, *Children of the Future (1950/1983)*. Reich ha scritto questo importante libro così tardi nella vita, perché è stato molto attento ad applicare le sue scoperte di vasta portata ai bambini e all'educazione precoce dei bambini.

Alla fine, grazie alla sua amicizia e agli scambi a lungo termine con Alexander S. Neill, il fondatore di *Summerhill*, Reich iniziò decisamente a studiare il processo di armatura muscolare e il precoce restringimento emotivo del bioplasma osservato nei bambini nevrotici.

—Si veda Wilhelm Reich, Alexander S. Neill, Record of a Friend-ship (1982), Alexander S. Neill, Summerhill (1984), Alexander S. Neill, Albert Lamb (Editor), Summerhill School: A New View of Childhood (1995), Matthew Appleton, A Free Range Childhood: Self-Regulation at Summerhill School (2000).

Molto prima di Frederick Leboyer e Michel Odent e dell'approccio alla moda del cosiddetto parto non violento, Wilhelm Reich ha mostrato gli effetti disastrosi della privazione emotiva e tattile precoce durante il parto convenzionale e la circoncisione infantile, come sono pratica comune negli Stati Uniti. Basandosi sul suo lavoro con pazienti nevrotici e psicotici, Reich ha concluso che la maggior parte delle percezioni errate della realtà può essere fatta risalire alla prima infanzia e affonda le sue radici nei divieti che minacciano la vita e nelle ripetute e dure punizioni dei bambini piccoli.

Storicamente, come molti studi hanno di-mostrato, i bambini piccoli erano considerati in-sensibili o, come per esempio nel sistema di cre-denze calviniste, generalmente creature pecca-minose.

—Si veda, per esempio, Lloyd DeMause (ed.), The History of Childhood (1974). See also Herbert James Campbell, The Pleasure Areas (1973), James W. Prescott, Body Pleasure and the Origins of Violence (1975), R. B. Textor, A Cross-Cultural Summary (1967) and James W. Prescott, Deprivation of Physical Affection as a Primary Process in the Development of Physical Violence (1979), pp. 77, 78. See also R.E.L. Masters, Forbidden Sexual Behavior and Morality (1962).

Reich corregge questa percezione sbagliata, affermando:

> Se non gli sono già stati inflitti gravi danni nel grembo materno, il neonato porta con sé tutta la ricchezza della plasticità naturale e dello sviluppo. Questo neonato non è, come molti erroneamente credono, un sacco vuoto o una macchina chimica in cui ognuno e chiunque può riversare le proprie idee speciali su ciò che un essere umano dovrebbe essere. Porta con sé un sistema energetico estremamente produttivo e adattivo che, con le sue risorse, entrerà in contatto con il suo ambiente e comincerà a modellarlo secondo le sue esigenze.

—Wilhelm Reich, Children of the Future (1950), p. 20.

Quando Reich esaminò i bambini sani cresciuti in modo bioenergeticamente corretto, senza aver subito un parto o altri traumi, bambini che godevano di un'educazione amorevole e di sostegno e che ricevevano molto affetto tattile, trovò che questi bambini non assomigliavano affatto a quelli che per esempio erano noti a Sigmund Freud quando stabilì le sue teorie. In una parola, questi bambini, come il piccolo David, non hanno alcuna spinta sadica:

> Il suo corpo era morbido; cedeva facilmente a qualsiasi tipo di movimento passivo. Non c'era rigidità, a parte qualche restrizione nel bacino, di cui si parlerà più avanti. La sua pelle

era calda e irradiava calore orgonotico, in particolare nella regione del plesso solare. I suoi genitori hanno riferito che quando dormiva le sue orecchie si sono arrossate e il suo viso si è arrossato fortemente. La sua andatura era coordinata, morbida e cedevole. Non c'era alcuno squilibrio; quando inciampò, prese facilmente l'equilibrio. Correva bene ed era molto attivo la maggior parte del tempo. David dava liberamente, condivideva ciò che aveva, ma si disperava quando gli altri bambini prendevano da lui senza rispondere alla sua gentilezza. Anche da piccolo condivideva le cose con i suoi genitori o con altri bambini. Non gli è stato insegnato a farlo; queste qualità si sono sviluppate in modo abbastanza spontaneo. Possiamo supporre con una certa sicurezza che un organismo che cede alle sue emozioni naturali è anche incline ad essere estroverso sotto altri aspetti. I genitori hanno ammesso di essersi spesso chiesti e preoccupati di come questo atteggiamento cedevole avrebbe influenzato la sua successiva esistenza, quando ha incontrato l'atteggiamento "prendi, colpisci e scappa" delle strutture di carattere corazzate. David era molto socievole; andava d'accordo con quasi tutti e faceva amicizia facilmente. D'altra parte, detestava intensamente il rumore e la rozzezza. (Id., pp. 26-27. Traduzione mia.)

Questo era con una chiarezza ancora più convincente, visibile dal fatto che David e altri di quei bambini cresciuti liberamente non avevano alcun interesse a giocare con le loro feci, come Freud aveva considerato un comportamento normale per un bambino. Le scoperte di Reich invalidavano chiaramente le supposizioni di Freud e mostravano che Freud stava creando dei miti, poiché le sue scoperte erano troppo generalizzate, basate su

bambini cresciuti in modo repressivo, e poi
dichiarate valide per tutti i bambini.

> Né gli è stato in alcun modo insegnato ad essere regolare o
> pulito. Mostrava ripugnanza per le escrezioni di sua spontanea
> volontà. Questo fatto è in accordo con la pulizia naturale che
> si vede in cani, gatti, topi da ricerca, ecc. Così i racconti sulla
> simpatia "naturale, ereditaria" per i piaceri fecali si rivelano
> essere un mito, che è nato perché la psicoanalisi ha derivato le
> sue osservazioni dalle strutture di carattere corazzato e ha
> scambiato le pulsioni secondarie per tendenze naturali.
> Questo errore ha portato all'idea che il bambino nasce con
> tendenze allo sporco e deve "sublimare" i suoi desideri anali
> pregenitali. Le osservazioni erano corrette, ma riguardavano
> solo strutture umane già distorte. (Id., p. 29. Traduzione mia.)

Dalle sue osservazioni, Reich estrapola di nuovo
e ci fa percepire l'alto impatto politico delle sue
scoperte:

> Le rivoluzioni per la pace non sono, nella migliore delle ipote-
> si, altro che disperati tentativi di curare la malignità politica, e
> probabilmente sono il peggior mezzo per ingannare le persone
> ad abbandonare la vita pacifica nell'interesse delle macchine
> del potere politico. D'altra parte, la conoscenza di come pre-
> venire lo sviluppo del sadismo nei nostri figli renderebbe su-
> perflua la maggior parte della campagna per la pace. Non ci
> sarebbe una struttura secondaria nell'animale umano su cui
> costruire per le guerre. (Id., p. 31. Traduzione mia.)

Così, per concludere, la ricerca del Reich sui
neonati e sugli adulti mostra che la struttura sadica
dell'uomo moderno, l'alta distruttività generale
delle grandi civiltà e la brama di autorità nella
maggior parte dei piccoli uomini del nostro mondo

non sono difetti innati nell'assetto umano, come la maggior parte delle religioni ha insegnato, ma sono effetti patologici secondari dell'educazione contro la vita e dell'educazione repressiva, sadica e brutale dell'educazione infantile che ignora la maggior parte dei bisogni emotivi e tattili del bambino. Nei bambini cresciuti in un'abbondanza orgonotica e tattile, Reich ha osservato esattamente le qualità che vorremmo fossero caratteristiche comuni della condizione umana: l'impavidità, l'onestà, la flessibilità, l'equilibrio emotivo e l'elevata capacità di contatto. (Id., pp. 33-34. Traduzione mia.)

Capitolo Due

Gestione del Flusso Emotivo

Introduzione

Ci chiedevamo come possiamo gestire il nostro flusso emotivo? Ho spiegato che le emozioni sono flussi, correnti che sono manifestazioni della bioenergia, e quindi sono fluide. Così possiamo parlare di flusso emotivo, o flusso *emonico*, che di per sé è un segnale che c'è vita. La ricerca sui sistemi dimostra che dove c'è vita, c'è flusso. Quando il nostro flusso sanguigno è ostruito, moriamo nel giro di pochi minuti. Senza flusso, non c'è vita; per analogia, senza flusso emotivo, non c'è vita emotiva.

Molte persone nella nostra cultura sono *emotivamente morte* perché l'educazione o gli abusi hanno scatenato in loro una risposta negativa alla vita, con il risultato che hanno soppresso alcune delle loro emozioni. Il narcisismo, come patologia, è caratterizzato dal fatto che la persona è diventata come un automa, che parla in monologo, incapace di relazionarsi empaticamente con l'altro. Il motivo è che il flusso emotivo è bloccato. Nella schizofrenia, come ha dimostrato Wilhelm Reich, vale la stessa eziologia. La schizofrenia non ha nulla a che fare inizialmente con un disturbo mentale, ma è un blocco puramente emotivo che può essere guarito.

Inoltre, la ricerca e la terapia alternativa del cancro, così come viene applicata, per esempio, da *Simonton & Simonton* in California, è un approccio che conosce e sistematizza l'impatto delle ferite emotive su tutto il corpo mentale, considerando le ferite stesse combinate con una certa mancanza di capacità di gestire le ferite emotive, come i fattori principali nell'eziologia del cancro.

I cinque schemi di base che regolano i nostri stati emotivi sono il flusso, con conseguente cambiamento, l'intelligenza intuitiva, o Dao, la dualità, rappresentata dal ciclo alternato di *yin* e *yang*, l'interattività, simboleggiata dai cinque elementi che interagiscono tra loro, e l'equilibrio, tipicamente da riconoscere nel fatto che c'è equilibrio e armonia. Si noti che questo concetto di equilibrio non va confuso con lo stesso termine nella teoria dei sistemi. Applicando la terminologia della teoria dei sistemi, i sistemi viventi sono lontani dall'equilibrio, poiché lo stato di equilibrio equivarrebbe alla morte.

Tutte le emozioni sono *interattive* nel senso che sono collegate tra loro in quello che io chiamo un 'caleidoscopio dinamico;' ciò significa che quando si sopprime un'emozione, le si sopprime tutte. Questo è esattamente il motivo per cui le persone possono essere emotivamente insensibili, come abbiamo visto sopra, perché per questo non è necessario sopprimere tutte le emozioni, ma solo una di esse. Se una persona, per esempio, sopprime la rabbia, non sarà mai in grado di raggiungere il coraggio, perché il coraggio è l'ottava parte superiore della rabbia, funzionalmente parlando.

Lo stesso vale per il lutto e l'individuazione. Quando una persona sopprime il cordoglio, lo stato tipico dopo una trasformazione, dopo aver lasciato la pelle di serpente, la persona non può crescere emotivamente e l'individuazione ne sarà fortemente compromessa. Altrimenti, quando una persona sopprime il dolore, non può raggiungere la vera gioia, ecc.

La lezione da imparare è quindi quella di gestire le emozioni in modo costruttivo, nel senso di accettarle, di comprenderle e di integrarle. Vuol dire che 'controllare' le emozioni è un approccio sbagliato, in quanto controproducente, che porta a uno stato in cui le emozioni diventano sempre più indisciplinate e difficili da gestire.

Tutti i crimini violenti sono in ultima analisi il risultato di un controllo eccessivo, non troppo scarso, mentre questo non è generalmente compreso nella maggior parte delle culture del mondo che si basano su un principio di 'alta moralità,' o dove l'approccio generale alla vita è basato su principi, invece di essere cedevole e spontaneo.

Dal punto di vista politico, la moralità è il peggior principio politico che sia mai stato coniato per regolare il comportamento umano. In altre parole, la moralità è l'esatto contrario dell'amore; è l'amore che è la prima energia su cui si fonda la vita, non la moralità.

LE EMOZIONI SONO FUNZIONALI

Le nostre emozioni sono funzionali. Possono essere comprese solo se ne cogliamo la natura di e-mo-tion, movimento bioelettrico. Le emozioni sono in realtà correnti bioelettriche. Il corpo sottile emotivo era noto ai parapsicologi, agli psichici e ai guaritori bioenergetici da tempi immemorabili: è parte del nostro corpo etereo, un guscio fluido scintillante che circonda il nostro corpo fisico, a pochi centimetri di distanza, trasparente e invisibile. Gli esseri umani, per lo psichico, sono uova; la forma del corpo etereo è ovoidale e vacillante, sempre in scambio dinamico con l'ambiente, una sinapsi per lo scambio osmotico tra le energie che ci circondano e quelle contenute nel nostro guscio individuato.

La comprensione della natura energetica e fluida delle nostre emozioni ci sfida a conoscere la vita. La caratteristica più essenziale dell'energia è che scorre, che si muove, che cicla. Il suo movimento è circolare, e non lineare, a spirale, e non unidimensionale.

Il DNA è una spirale ma non una spirale che si estende su una dimensione ma che sale ad ogni ciclo un gradino più in alto nell'evoluzione; è un'ottima metafora per la vita nel suo insieme, e anche per le nostre emozioni.

Le emozioni riciclano, non sono lineari, e non sono statiche, ma dinamiche. La loro caratteristica predominante è il cambiamento. Esprimo questa verità parlando di un *caleidoscopio di emozioni*. Quando si blocca un'emozione, le si blocca tutte.

Una volta compresa la natura bioenergetica delle emozioni e il fatto che esse sono in continuo ciclo, ci renderemo conto che è malsano restare bloccati in un'emozione e impedirle di cambiare; allora vedremo anche che è disfunzionale sopprimere un'emozione o, peggio ancora, scambiare un'emozione per un'altra reprimendo quella che troviamo troppo strana da un'altra che troviamo più accettabile.

Vediamo più da vicino le radici etimologiche di queste parole: *emozioni* ed *espressione*. Quando scrivo e-motion, ed ex-pressione, mi avvicino alla verità perché il linguaggio è spesso significativo.

Una *e-motion* è un movimento fuori da qualcosa e dentro qualcos'altro. Un'*ex-pressione* descrive il fatto di premere, spremere qualcosa fuori. Wilhelm Reich, come forse il primo medico occidentale, vide la verità linguistica e la verità energetica delle emozioni. Egli parlava, all'epoca ancora in tedesco, di una *Ausdrucksbewegung*, un movimento di premere o spremere qualcosa. Cos'è che viene spremuto e da dove? È bioenergia, ed è spremuta, o, per usare un termine migliore, *irradiata* dal plasma cellulare nell'aura e da lì in tutto l'universo. Noi siamo lampadine, infatti.

La caratteristica essenziale dell'e-motion è quindi che non è altro che il continuo movimento del plasma cellulare stesso. Le sensazioni che inducono piacere causano un movimento elettronico del protoplasma che ha origine dal nucleo ed emana verso la periferia, mentre le sensazioni dolorose o la paura causano piuttosto una contrazione del sistema, e quindi un movimento della sensazione dalla periferia verso il nucleo. Reich conclude che, come risultato di questi movimenti di espansione e contrazione nel plasma che rispondono alla natura dello stimolo emotivo in arrivo, possiamo parlare di due emozioni fondamentali: la *lussuria*, che è espansiva, che fluisce dal nucleo verso la periferia, e la *paura*, che è contrazione, che ritorna dalla periferia verso il nucleo.

Il Dr. Alexander Lowen, studente del Reich e uno dei più famosi bioenergetici al mondo, ha descritto nel suo libro *Il Linguaggio del Corpo (1958/2006)* un'esperienza emotiva insolitamente travolgente. Sua moglie aveva provato un'intensa gioia alla prospettiva di andare all'estero. Era letteralmente 'fuori di sé' dalla gioia, scrive. Lowen riferisce che l'esperienza è durata diverse ore, durante le quali il suo corpo etereo, o corpo dello spirito, era carico di energia e si sentiva a diretto contatto con il cosmo. Scrive a p. 308:

> L'analisi bioenergetica ci permette di avanzare una spiegazione di questi fenomeni che, pur non potendo al momento essere confermata sperimentalmente, offre una buona ipotesi di lavoro. L'eccitazione si manifesta con l'aumento della motilità, ma dobbiamo anche supporre che l'aumento della motilità sia il risultato di un aumento della carica bioenergetica dell'organismo. Questa carica aumentata pervade tutti i tessuti e si manifesta nel calore e nel colore della pelle e nello splendore degli occhi. Man mano che la carica si rafforza, i suoi effetti trascendono il corpo stesso. L'atmosfera nelle immediate vicinanze dell'organismo si carica e l'organismo perde il senso del suo confine abituale. Una volta superata questa barriera limitante, l'ego viene sopraffatto e inondato. Psicologicamente parlando, l'id è in contatto immediato con l'universo. I sentimenti con-

fermano questa intuizione. È come se si fosse in preda a forze più potenti del proprio io, come un granello nell'aria o un pezzo di legno alla deriva nell'oceano. Bioenergeticamente, l'interazione è tra il nucleo e il cosmo. (Traduzione mia.)

Lowen conclude che, a causa della natura plasmatica delle emozioni e del fatto che si tratta di flussi bioenergetici localizzati nell'aura o nel corpo luminoso, il corpo etereo può effettivamente trasgredire i confini del corpo fisico. Ciò che poi accade è che la persona percepirà una 'traslocazione,' al di fuori del corpo fisico, una sensazione che suggerisce alla persona di guardare se stessa. Questa è un'esperienza abbastanza comune anche nelle esperienze psichedeliche, come per esempio con l'LSD, la Mescalina e altri entheogeni, come riportato dai ricercatori.

—Si veda, per esempio, Albert Hofmann, LSD, My Problem Child (1979/2005) and Stanislav Grof, LSD: Doorway to the Numinous (1975/2009), e Aldous Huxley, The Doors of Perception and Heaven and Hell (1954/1994).

Ciò significa in pratica che la nostra percezione non si trova, come la psicologia tradizionale fa ancora credere, nel cervello, ma nel *corpo luminoso,* il campo energetico umano. È qui che si trovano le nostre emozioni, e quindi, per una questione di logica funzionale, emozioni e percezione sono in diretto interscambio. In altre parole, possiamo dire che la carica emotiva aumenta la vivacità e la precisione della percezione. Questa intuizione contraddice davvero la visione meccanicistica che vede la cognizione e le emozioni come separate. Per comprendere la realtà bioenergetica delle emozioni, non si può non essere colpiti dall'evidenza che il flusso emotivo ha un impatto diretto sulla percezione, e quindi è in definitiva una questione di sanità mentale individuale e collettiva.

CHE COS'È IL FLUSSO EMOTIVO

Possiamo anche dirlo in termini più semplici e concludere che le emozioni sono il modo in cui percepiamo il flusso naturale dell'energia vitale nel nostro organismo.

La rabbia o il desiderio sessuale sono forze centrifughe dal nucleo della cellula verso la periferia della cellula, e oltre—possiamo dire che hanno una funzione bioelettrica di scarico; viceversa, le emozioni che sono centripete come la paura, contraggono il sistema e quindi caricano il sistema bioelettricamente. È solo perché la scienza moderna è cieca alla funzione bioenergetica all'interno dell'organismo che non è in grado di misurare, e non è stata in grado di sviluppare dispositivi per misurare le cariche e le scariche bioelettriche che le emozioni provocano all'interno del nostro protoplasma cellulare.

Questo stesso movimento della bioenergia, sia espansivo che contrativo, nel plasma delle cellule secondo il flusso o l'afflusso di correnti bioelettriche sotto forma di emozioni è esattamente ciò che fa la vita e la differenza rispetto alla materia non vivente. Non è solo un gioco di parole; il linguaggio descrive le sensazioni degli organi. Questo perché i movimenti del nostro corpo riflettono i nostri movimenti bioplasmatici interni in modo sorprendente. Ciò che viene trasmesso qui non è un fenomeno singolare, ma una sorta di espressione olistica e totale del nostro essere, una *Gestalt*, un'informazione che non può essere data solo dal linguaggio verbale.

Possiamo così osservare un movimento direzionale bipolare della nostra energia vitale che si manifesta come espressione e impressione. L'espressione è il flusso bioenergetico dal nucleo alla periferia della cellula, e di conseguenza dall'interno del corpo verso il serbatoio energetico etereo dell'aura. Parliamo dell'espressione delle nostre emozioni. Affermiamo che le emozioni devono essere espresse.

L'impressione è il flusso bioenergetico dalla periferia della cellula verso il nucleo, e di conseguenza dall'aura verso il protoplasma cellulare. Parliamo di impressioni quando parliamo di vivide esperienze emotive, sensazionali o pittoriche, dell'impressione che ci ha dato un tramonto, dell'impressione che un film ha lasciato nella nostra memoria, o dell'impressione che abbiamo avuto di una certa persona.

Dopo questa spiegazione funzionale delle emozioni, si può capire più facilmente perché la distinzione moralizzante delle emozioni nel bene e nel male, come parte della tradizionale educazione patriarcale, abbia fatto un danno quasi irreparabile all'integrità psicosomatica e di conseguenza ci abbia frammentati in personalità scisse che funzionano in modo schizoide.

Permettetemi di dimostrare questo fatto con un esempio; guardiamo alla rabbia, la quintessenza dell'emozione 'cattiva' all'interno di una civiltà che si fonda sulla repressione delle emozioni. Nella nostra cultura, la rabbia è considerata di per sé pericolosa; le persone che di tanto in tanto fanno i capricci, siano essi bambini o adulti, sono considerate squilibrate e disadattate alla società.

La verità è che sono meglio regolati di quelli che reprimono la loro rabbia. Wilhelm Reich una volta disse che il motivo per cui abbiamo così tante guerre, violenza e genocidio nel mondo non è perché siamo troppo emotivi, ma perché siamo troppo poco emotivi! E indovinate chi ha più probabilità di morire per un infarto o un cancro, chi esprime la propria rabbia o chi reprime la propria rabbia? La risposta è ovvia: chi sopprime la propria rabbia.

I terapisti oncologici alternativi come il Dr. Carl Simonton si concentrano sulla liberazione delle emozioni represse in un ambiente alternativo dove, invece di limitarsi a guardare il tumore canceroso specifico, l'intera storia di vita del paziente è oggetto della terapia, e questo significa, in primo luogo, l'intera vita emotiva del paziente, o meglio la sua mancanza di vita emotiva, la sua soppressione delle emozioni di base da anni se non da decenni.

—Si veda Dr. O. Carl Simonton, et al., Getting Well Again (1978).

Il cancro, in realtà, è un problema di comunicazione cellulare, così come tutti i nostri problemi emotivi. È stato stabilito da Simonton e da altri terapeuti oncologi alternativi che le cellule tumorali, contrariamente ai comuni miti, non sono forti e potenti, ma deboli e confuse e non attaccano il plasma sano, ma solo sovrapproducono perché contengono informazioni genetiche sbagliate. Mentre le cellule normali comunicano efficacemente con il loro ambiente per determinare la loro dimensione ottimale e il tasso di riproduzione, la comunicazione e l'auto-organizzazione delle cellule maligne sono compromesse.

Di conseguenza, crescono più grandi delle cellule sane e si riproducono incautamente. Si può dire che il cancro rappresenta un disturbo emotivo, proprio questo, e non un destino incurabile che ha bisogno di una medicina a proiettile e di una chemioterapia costosa. Il disturbo emotivo è spesso causato da una mancanza di comunicazione interiore a livello emotivo, prima nella vita. Infatti, gli stessi principi che valgono per i processi energetici e sistemici del cosmo, della natura e del nostro organismo valgono per le emozioni.

I cinque modelli di base che regolano i nostri stati emotivi sono:

- 1 Cambiamento (Flusso)

- 2 Dao (Intelligenza)

- 3 Yin e Yang (Dualità)

- 4 I cinque elementi (Interattività)

- 5 Equilibrio e armonia (Equilibrio)

1) CAMBIAMENTO (FLUSSO)

L'Yi Jing, un libro cinese di cinquemila anni di saggezza e oracolo, chiamato anche *Il Libro dei Cambiamenti,* rappresenta nei suoi sessantaquattro esagrammi milioni di possibili combinazioni di cambiamento. Infatti, il cambiamento dipende solo in parte dal nostro agire e dalla nostra influenza sul destino da parte del nostro pensiero cosciente e inconscio e dei nostri modelli emotivi; il cambiamento dipende anche dai processi ciclici di cambiamento che sono radicati nei processi cosmici, anche se la maggior parte di noi oggi li ignora.

Studiando l'*Yi Jing* da molti anni, sono consapevole che non c'è fine nello scoprire il mistero profondo della vita, e che non ci sono e non ci saranno maestri in essa. Il cambiamento e le sue leggi sono un mistero. Tuttavia, l'*Yi Jing,* se consultato regolarmente, porta nella nostra vita un fattore di prevedibilità che è molto prezioso in tempi o fasi instabili.

Ciò che l'*Yi Jing* insegna fondamentalmente è che la stabilità non può consistere nell'aderire rigidamente a una situazione o a uno status quo attuale, ma solo nella capacità di adattarsi in modo flessibile e intelligente ai cambiamenti che la vita invariabilmente produce, e di prevedere tali cambiamenti in una certa misura. Lo stesso vale per le nostre emozioni, che sono in costante flusso, proprio come il nostro sangue. Se si ostruisce il flusso sanguigno, il sangue si coagula e perde molte delle sue caratteristiche naturalmente positive. Quando il sangue si coagula all'interno dei vasi sanguigni, moriamo poco dopo per insufficienza cardiaca.

Questo fatto è sufficiente per farci capire quanto sia importante il carattere del flusso per tutte le sostanze che compongono il nostro corpo. Lo stesso vale per le nostre emozioni.

2) DAO (INTELLIGENZA)

Il principio del *Dao* ammette l'esistenza di un'unica forza o energia indivisa, o stato di vuoto, come fonte di ogni vita e creazione.

Il Dao è considerato come il principio superiore: è estremamente intelligente, estremamente abile e saggio nel selezionare le giuste misure, il giusto potenziale e il momento giusto per realizzare ogni cosa nella sua forma e nel suo contenuto più grandioso possibile. Il Dao non è affatto un concetto mentale come, ad esempio, il concetto di dio del cristianesimo, dell'ebraismo o dell'islam, ma una forza motrice insita nella natura, che potremmo anche chiamare *principio creatore* o intelligenza cosmica. Il Dao è dentro di noi, non fuori. È dentro tutti. Non può essere visto o sentito, eppure è onnipresente. Nel linguaggio della scienza moderna parleremmo dell'intelligenza universale che crea, sostiene e anima la vita e tutto ciò che è. È la provvidenza premurosa che ci guarisce quando siamo feriti. È la conoscenza anticipatrice che impedisce a qualcuno di entrare in una barca che più tardi sarebbe affondata—perché la persona ha avuto una strana sensazione poco prima di partire per quel viaggio.

Questa intelligenza è presente anche nelle nostre emozioni. Le emozioni hanno la loro intelligenza. Agiscono e interagiscono tra loro in modo intelligente. Che la maggior parte degli scienziati non se ne sia ancora accorta e che la scienza e la psicologia occidentali siano ancora quasi cieche alla saggezza emotiva ha a che fare con il nostro passato patriarcale, mentre da qualche decennio questo triste quadro sta cambiando: *l'idea dell'intelligenza emotiva* è entrata non solo nei nostri talk show ma anche nelle pubblicazioni scientifiche di altissimo livello.

Una volta capito che le nostre emozioni sono intelligenti, saremo meno inclini a sopprimerle o a sminuirle. E forse vorremmo davvero ascoltarle, perché in molti casi, quando le emozioni ci sfuggono di mano, danno un segnale, e questi segnali sono generalmente importanti per la nostra evoluzione personale.

Come vedremo più avanti, non è insito nelle emozioni che scatenano in tutte le direzioni, ma solo se le gestiamo in modo sbagliato. La natura ha impostato i nostri processi emotivi in modo che interagiscano tra loro in modo intelligente per arricchire la nostra vita. Se ci fidiamo della nostra intelligenza emotiva, l'intelligenza intrinseca che è insita in tutte le nostre emozioni, siamo generalmente più intelligenti. In altre parole, una persona otterrà un punteggio migliore in un test del QI se le sue emozioni non sono ostacolate e vive rispetto a una persona di controllo con emozioni minori o bloccate. Anche se questo non era visto dalla maggior parte degli scienziati ancora circa vent'anni fa, questa intuizione sta ora influenzando il modo in cui i test del QI sono progettati. È evidente che un test del QI che verifica solo l'intelligenza lineare o logica non sarà in grado di descrivere adeguatamente l'intelligenza emotiva di una persona perché questa intelligenza è non lineare e olistica. È una logica superiore o una logica di sistema, una logica induttiva anche, e non una logica meccanicistica e deduttiva.

Le persone che credono nella cosiddetta *realtà logica* si sbagliano profondamente nel prendere la parte per il tutto. Per loro, tutto ciò che non deve essere rilevato dai nostri cinque sensi non esiste. Di conseguenza, tendono a dominare qualsiasi conversazione con argomenti di sinistra che in parte o del tutto sfuggono al punto. Nella loro vita, tendono ad aderire a un pragmatismo fortemente riduzionista che esclude qualsiasi realtà olistica e distilla le loro convinzioni in una dottrina dominatrice arrogante, sostenuta dal darwinismo e dalla scienza tradizionale.

Queste persone non solo sono bloccate emotivamente, ma sono veramente pericolose perché capaci di qualsiasi atrocità, può essere giustificata solo dalla cosiddetta 'logica pura.' Le emozioni, per loro, sono debolezze umane o solo spazzatura, e sono qui sulla stessa linea di ragionamento dei biotecnologi che dichiarano spazzatura tutte le parti inutilizzate del nostro DNA.

Al contrario, l'intelligenza emotiva migliora l'intelligenza logica lineare, invece di interferire negativamente con essa. L'intelligenza del fisico Albert Einstein, pur essendo certamente un brillante pensatore logico, era soprattutto l'intelligenza emotiva. Einstein, nella vita quotidiana, era tutto fuorché un arido burocrate, ma al contrario una persona piuttosto eccentrica con molti interessi, un ottimo musicista (violinista), un affascinante chiacchierone e un uomo con un altissimo livello di fantasia e un comportamento infantile. Einstein si è presentato come un artista o un sognatore ad occhi aperti, se non un venditore ambulante. Pochi avrebbero immaginato che fosse il più grande matematico e fisico del XX secolo e uno dei più grandi geni di tutti i tempi. Questo perché Einstein si fidava delle sue emozioni, della natura emotiva della sua intelligenza e dell'intelligenza universale in tutti i viventi.

—Si veda Peter Fritz Walter, Creative Genius: Four-Quadrant Creativity in the Lives and Works of Leonardo da Vinci, Wilhelm Reich, Albert Einstein, Svjatoslav Richter and Keith Jarrett, Great Minds Series, Vol. 2 (2014/2017).

Una volta compresa la natura funzionale delle nostre emozioni, e la loro intelligenza intrinseca, forse smetteremo di spazzolarle o di sminuirle come qualcosa che vale solo per i bambini e le donne. Molti uomini, infatti, hanno più problemi con le loro emozioni rispetto alle donne e ai bambini, a causa della loro mentalità patriarcale. Il modo migliore per ostacolare la vostra vera intelligenza è bloccare le vostre emozioni o negare la loro stessa esistenza. Ciò che poi accade, cioè, è che essi cominciano a vivere la loro vita e vi controllano senza che voi ne siate coscienti! E questo causa molti problemi nella vita, nella salute e nelle relazioni.

3) Yin & Yang (Dualità)

L'energia primordiale, quando lavora sul piano terrestre, si manifesta in forma dualistica, come due energie complementari, *yin* e *yang*. Entrambe le energie possono essere associate a determinate caratteristiche. Lo *yin* può essere associato al principio femminile, ma ciò non significa che sia identico ad esso.

Si parla di caratteristiche o elementi *corrispondenti*, e il sistema in quanto tale è una delle relazioni corrispondenti. Di conseguenza, si può dire che lo *yin* corrisponde all'acqua, al principio femminile, al colore nero, alla direzione verso il basso o ad un paesaggio piatto. Si può dire che lo *yang* corrisponde al fuoco, al principio maschile, al colore bianco, alla direzione verso l'alto o ad un paesaggio che è montagnoso. In ogni *yin* c'è un po' di *yang*, e in ogni *yang* un po' di *yin*. Questo bit è l'essenza che si moltiplica una volta passato il punto di culmine.

Ciò significa che per esempio lo *yin* si muove verso la sua pienezza per culminare e scambiare la sua natura in *yang*. Lo *yang,* quando culmina, diventa *yin*. Per questo possiamo dire che il cambiamento è programmato nell'essenza stessa del dualismo *yin-yang* e quindi il cambiamento non può essere evitato. Possiamo anche arrivare a dire che il fatto stesso del cambiamento è la prova che abbiamo a che fare con un essere vivente. Se non c'è cambiamento, non c'è movimento e, di conseguenza, non c'è vita. La vita è cambiamento, movimento vivente.

Il principio della dualità *yin-yang* è molto ampio. Esso comprende anche l'arte della cucina. Il Dao della cucina prescrive che ogni piatto deve essere composto in modo da bilanciare *yin* e *yang* e che i quattro gusti sono dolce, salato, acido e amaro. Ogni verdura, ogni tipo di carne o pesce e ogni altro cibo è stato qualificato dai saggi di un tempo come *yin* o *yang*.

Questa conoscenza costituisce una parte essenziale del sistema sanitario cinese e delle arti marziali, che può essere espressa nello slogan 'il cibo è medicina.'

Nelle arti marziali si applica lo stesso principio. Il principiante dell'apprendimento dell'arte del *Kung Fu* sta sviluppando la coscienza. E in secondo luogo, la respirazione. Il modo giusto di respirare sottolinea che espiriamo sullo sforzo. Non sono i muscoli che fanno cose eccezionali, ma il respiro o il *prana*.

Nel Kung Fu la perfezione dei movimenti è impossibile da raggiungere se la tecnica di respirazione è sbagliata. Si può anche dire che i movimenti non hanno alcun valore in sé, se non quello di costringerci a respirare correttamente. Bilanciando *yin* e *yang* nel nostro corpo mentale, la fonte stessa del nostro essere, il Dao dentro di noi si attiva e può più facilmente guidarci e arricchirci dall'interno. È il nostro vero potere. Ma senza equilibrare *yin* e *yang* nel nostro corpo mentale, il suo potere è viziato dalle molte influenze negative che la vita moderna gli infligge.

Le nostre emozioni, come tutte nella vita, sono regnate dal principio della dualità, salgono e scorrono verso il basso, aumentano e diminuiscono, e alla fine attraversano un punto culminante e poi cambiano.

Permettetemi di dimostrarlo ancora una volta con un esempio. Quando siete arrabbiati, la vostra rabbia aumenterà fino a raggiungere il punto culminante. Cosa succede quando raggiunge questo punto? La cosa sorprendente è che allora non si prova meno rabbia, ma nessuna rabbia!

La vostra rabbia si trasformerà in un'altra emozione, per esempio la gioia, oppure cesserà completamente senza che nessun'altra emozione vi sorpassi: siete in pace.

Perché è così? Perché tutte le nostre emozioni sono interconnesse in quella che io chiamo una *successione caleidoscopica*. Un caleidoscopio è un dispositivo in cui il prisma è diviso da una lente nei suoi colori spettrali di base. Questi dispositivi, che molti di noi conoscono fin dall'infanzia, sono progettati come piccole macchine fotografiche o occhiali e si potrebbe guardare qualsiasi oggetto usando il caleidoscopio come filtro. Si vedrebbe poi la vita in molte diverse tonalità di colore.

Questa metafora si adatta molto bene alle emozioni. Le nostre emozioni sono i colori spettrali di base del fascio di luce della vita che è come un fascio di luce bianca in fascio. Ogni emozione, per la frequenza del colore spettrale che aggiunge al fascio della bioenergia, completa il fascio bianco. Come si sa dall'ottica, la luce può essere bianca solo se lo spettro è completo. E così è con le nostre emozioni. Le vostre energie vitali sono complete e forti solo se tutte le vostre emozioni sono attive e contribuiscono con le loro specifiche frequenze bioelettriche alla frequenza principale della bioenergia che attraversa il vostro organismo. Quando bloccate una delle emozioni, quella parte della frequenza manca o diventa distorta.

Di conseguenza, il vostro fascio bianco di energia vitale non sarà più veramente bianco e quindi sarà indebolito. Ecco perché la dualità delle nostre emozioni è così importante e deve essere funzionale se le emozioni devono scorrere in modo sano.

4) I Cinque Elementi (Interattività)

Il principio dei cinque elementi suggerisce che la natura è interattiva e in un continuo processo di trasformazione. I cinque elementi *legno, fuoco, acqua, terra* e *metallo* sono reciprocamente costruttivi e anche reciprocamente distruttivi.

Per esempio, il legno è valorizzato positivamente dall'acqua, mentre l'acqua distrugge il fuoco. Questi due processi paralleli di creazione e distruzione possono essere visti come due cerchi o cicli, un *ciclo di creazione* e un *ciclo di distruzione*.

Il principio dei cinque elementi ci insegna che nulla in natura è statico o stagnante, ma che tutto è soggetto a un flusso continuo, a un continuo cambiamento. Ci insegna anche che tutti gli elementi interagiscono naturalmente tra loro, dipendono l'uno dall'altro, e che nulla è veramente isolato. Di conseguenza, possiamo verificare se la nostra comprensione della natura è conforme alle leggi della natura.

Studiando e osservando queste leggi, notiamo un alto grado di interdipendenza nella natura e un'alta interattività, un fatto che nelle scienze occidentali solo recentemente è stato dato l'attenzione che merita. È la moderna teoria dei sistemi che si occupa dei processi interattivi in natura.

Il principio dei cinque elementi, per quanto semplicistico possa sembrare a prima vista, è un meraviglioso insegnante di funzioni della vita reale che può aiutarci a correggere il nostro modo di vedere il mondo, noi stessi e gli altri e a valutare più accuratamente l'impatto che ogni nostra singola azione potrebbe avere sulla vita nel suo complesso. È il punto di partenza di una visione olistica della vita.

Le nostre emozioni sono *interattive* in due modi, interagiscono tra loro e interagiscono con l'ambiente, con le emozioni degli altri e anche con le energie naturali circostanti come il tempo. Sì, le nostre emozioni influenzano il tempo; questa non è una superstizione, ma una delle scoperte che la ricerca sull'orgone di Wilhelm Reich ha confermato. Viceversa, le energie macrocosmiche contenute nell'atmosfera terrestre e persino le macchie solari influenzano le nostre emozioni. Non c'è niente di veramente separato in natura. Tutti noi sappiamo l'influenza disastrosa che le persone negative possono avere anche su un pubblico di massa.

Adolf Hitler, quando ha dichiarato la sua dottrina della 'guerra totale,' è stato freneticamente applaudito da migliaia di persone, mentre il discorso e molti altri discorsi simili che lo hanno portato a quel punto di vittoria erano pieni di emozioni, e di contenuti intellettuali molto poco o molto distorti.

Hitler sapeva che le emozioni sono fluide e possono essere trasmesse, siano esse positive-costruttive o negative-distruttive. Molti però lo citano come esempio per dichiarare le emozioni stesse come distruttive, il che è ovviamente un errore infantile: se rovino una pizza mettendoci troppo sale, non significa che la pizza sia di per sé un cattivo cibo.

Allo stesso modo, i politici di ispirazione positiva utilizzano contenuti emotivi edificanti per convincere le masse delle loro buone intenzioni e del loro atteggiamento impegnato. Esempi ben noti sono John F. Kennedy, Martin Luther King Jr., Mahatma Gandhi o Nelson Mandela.

Quando guardiamo all'interattività delle nostre emozioni, possiamo osservare che essa ha due caratteristiche principali. La prima caratteristica è che le emozioni sono generalmente esclusive in quanto nascono in modo puro e molto raramente si mescolano. Quando sono arrabbiato, non sono gioioso. Quando faccio il bagno di gioia, non esplodo di rabbia. Avete mai visto qualcuno che era furioso e gioioso allo stesso tempo? La seconda caratteristica è che le emozioni si stanno sostituendo a vicenda. Quando la rabbia ha raggiunto il suo punto culminante, svanisce o nella pace, senza che altre emozioni si manifestino, o nella gioia.

È importante essere consapevoli di questo gioco interattivo di emozioni perché indica che non dobbiamo interferire violentemente nelle emozioni o bloccarle perché questo prolungherà un'emozione e può davvero portare ad effetti distruttivi. Quando sono arrabbiato e cerco di non esserlo, questo stesso sforzo di reprimere la mia rabbia peggiora la situazione e l'emozione può diventare incontrollabile.

5) Equilibrio e Armonia (Equilibrio)

L'armonia è uno stato di equilibrio in cui tutti i processi di autoregolamentazione di un sistema vivente funzionano senza problemi e in sincronia, e dove nulla ostacola il flusso naturale del *ch'i*. *Yin* e *yang* possono essere in equilibrio, o ci può essere una predominanza ciclica dello *yang* o dello *yin*, ma questo non disturba l'equilibrio perché è all'interno della natura ciclica e mutevole degli organismi viventi.

L'armonia o l'equilibrio, come stato di salute naturale e di funzionalità, non deve essere confuso con il termine moderno di 'equilibrio' che viene usato dalla biologia. Qui ci troviamo di fronte anche a una palese contraddizione tra il vocabolario usato dai saggi antichi e la nostra moderna terminologia scientifica. Come sappiamo che tutti i sistemi viventi funzionano lontano dall'equilibrio, il fatto che l'equilibrio, nei sistemi viventi, sia stato raggiunto, significa che il sistema sta per morire. Al contrario, l'armonia come modello di vita, che è stato riconosciuto non solo dalla saggezza cinese, ma in generale dalla scienza perenne di tutto il mondo, è uno stato di sana crescita di un sistema, dove tutte le funzioni naturali funzionano indisturbate. Potremmo anche parlare di crescita positiva. Un esempio al contrario sarebbe una cellula tumorale, dove i processi naturali di crescita sono stati gravemente compromessi e dove la crescita è diventata eccessiva. Secondo gli insegnamenti dei saggi cinesi, la naturalezza e la morbidezza della crescita è una caratteristica della vita sana, mentre una crescita affrettata e frettolosa è ritenuta pericolosa e poco saggia.

Le emozioni sono naturalmente in equilibrio. Nessuna domina la scena. Avete mai visto qualcuno sempre gioioso o sempre arrabbiato? Questo non solo sarebbe innaturale e artificiale, ma praticamente impossibile da realizzare. L'unica cosa di cui possiamo essere sicuri nel processo della vita è che cambia. Lo stesso vale per le nostre emozioni, perché sono un'espressione vitale della vita.

Il motivo per cui molte persone, soprattutto nella società occidentale, sono emotivamente sbilanciate ha la sua causa nel fatto di aderire a un paradigma di vita moralistico che le fa giudicare le emozioni, cercando di sopprimere quelle che giudicano 'cattive' e allo stesso tempo cercando di suscitare emozioni che giudicano 'buone.' L'atteggiamento moralistico giudicante nei confronti delle emozioni è distruttivo. Esso rende ogni tipo di lotta e di guerra interiore ed esteriore. È causa di distruzione in tutto il mondo ed è alla radice di tutti i mali.

Questo perché interferire nel flusso naturale delle nostre emozioni distrugge l'equilibrio naturale tra di loro e quindi inibisce il loro flusso bioenergetico.

Il Caleidoscopio delle Emozioni

Le emozioni sono *flussi di energia vitale;* seguono i principi del flusso naturale. Tutte le emozioni sono interconnesse. Ciò significa che la loro natura caleidoscopica le fa alternarsi e seguire la loro logica intrinseca—che non è la logica del nostro intelletto, ma l'intelligenza del corpo. Esprimo questo fatto nel koan 'A dodici anni sono arrabbiato e a dodici e venti ho fame.' Lasciatemi spiegare questa funzionalità organica delle emozioni con tre esempi:

▸ Rabbia e Coraggio

▸ Lutto e Individuazione

▸ Gioia e Dolore

RABBIA E CORAGGIO

Il problema è che attraverso quella che chiamiamo civiltà, tutte le nostre emozioni calde o *yang* come la rabbia e la gelosia sono state etichettate come emozioni 'cattive.' Ecco perché da diversi millenni sono state represse e sono diventate pulsioni secondarie del subconscio.

Hanno il loro ritorno collettivamente in guerra, con la tortura, il genocidio e individualmente attraverso la violenza domestica, sessuale e strutturale. Nessuna delle culture cosiddette primitive o tribali ha mai raggiunto la distruttività delle nostre maggiori civiltà in cui la repressione delle emozioni è lodata come virtù e dove tale repressione gioca un ruolo essenziale nel paradigma educativo. In realtà, la rabbia è un'emozione importante e positiva, un'espressione totale del nostro calore e del nostro flusso bioenergetico! Questa energia però diventa negativa e distruttiva quando è bloccata e si sprofonda.

La rabbia come emozione originale e primordiale è positiva per la sua funzione di segnale. Lampeggia come una luce rossa di avvertimento ogni volta che stiamo per mancare di rispetto a noi stessi. La rabbia è un segno che abbiamo ceduto a una direzione estranea che ci tira fuori dal nostro centro. Spesso avverte che siamo stati disonesti con noi stessi e con gli altri o che siamo stati impegnati in relazioni *codipendenti* con gli altri. Non sorprende quindi che la rabbia sia l'emozione prevalentemente conflittuale che deve essere oggetto di tutte le terapie. Questo perché è l'emozione che nella nostra cultura è la più repressa. Spesso la rabbia è l'espressione esplosiva di una *rivolta profondamente radicata contro l'autorità abusiva* rappresentata da genitori, educatori o altri adulti durante la nostra infanzia.

Il secondo aspetto, come ho già detto, è la rabbia viscerale che proviamo quando gli altri interferiscono con la nostra crescita verso l'autonomia. Questa forma di rabbia spesso può essere fatta risalire alla prima infanzia e in una situazione in cui una madre inadeguata si sentiva minacciata da un bambino che voleva crescere. Questa funzione di conservazione dell'autonomia della rabbia è quindi un meccanismo sano e persino vitale nel nostro assetto emotivo e psicosessuale. Questo perché la volontà di crescere in autonomia è integrata nel codice genetico di ogni creatura.

Carl Jung, nel suo studio sull'archetipo del bambino, scrive: 'bambino significa qualcosa che evolve verso l'indipendenza.' Questa volontà di crescere non è che l'espressione del diritto di vivere. Nessuno vuole nascere per rimanere nano. I bambini che sperimentano che la loro madre o entrambi i genitori non riconoscono il loro divenire e vogliono piuttosto che crescano a ritroso nella matrice si sentono minacciati nell'essenza stessa della loro vita. Mostreranno i tipici segni di ansia e insicurezza, che si manifestano con comportamenti aggrappati, inibizioni da contatto, balbuzie, sudorazione, disagio di fronte a un gruppo, e così via. La loro fiducia di base non solo nella madre o nei genitori, ma nella vita in quanto tale rimarrà debole. Di conseguenza, questi bambini cercheranno di liberarsi durante l'adolescenza: si ribelleranno!

Più c'è codipendenza con uno dei genitori, o con entrambi, prima dell'adolescenza, più dura è la rivolta. I sentimenti di base che incontriamo in questi legami sono tipicamente ansia, insicurezza, rabbia e uno stato disperato di impotenza.

Ogni volta che ci impegniamo in relazioni pseudo-simbiotiche scateneremo di nuovo questi stessi sentimenti di base. Purtroppo, nella cultura industriale globale di oggi, le relazioni *pseudo-simbiotiche* sono idealizzate come uno stato paradisiaco di purezza e benessere. Questa idealizzazione è una copertura collettiva della nostra paura di base della vita, che rispecchia la nostra paura di base della morte.

Questi sentimenti sono messaggeri che ci raccontano la disperazione che abbiamo vissuto da bambini piccoli durante l'assenza delle nostre madri. Naturalmente, la madre umana e il suo bambino sono simbioticamente legati l'uno all'altro durante i primi diciotto mesi del neonato.

Il punto cruciale è che oggi molte madri, soprattutto nella moderna cultura globale, spesso non sono più in grado di rispondere adeguatamente ai bisogni emotivi, fisici e psicosessuali della loro prole e quindi fanno soffrire i loro bambini di fame emotiva e tattile.

Il prezzo che dobbiamo pagare per questa privazione della nostra simbiosi primaria con le nostre madri o i nostri genitori è un'alienazione parziale o totale dal nostro vero sé.

La rabbia, contrariamente a quanto si crede, non è di per sé un'espressione di violenza o di aggressività. Le culture sono molto diverse nel valutare le emozioni che fanno parte della nostra esperienza di vita quotidiana. Nel Sudamerica, in Asia o in Medio Oriente, non è insolito vedere alcune persone riunite in una strada che si urlano o si bombardano a vicenda con rimproveri. L'energia di tali dispute è calda, e tale è il clima e la mentalità generale. Non c'è quindi alcuna contraddizione. La gente passa con un sorriso o sta ferma un attimo, scuote la testa o lancia una parola divertente nella conversazione accesa.

Ma immaginate la stessa scena in una strada della Svizzera! La gente isolerà il gruppo, farà un inchino intorno ad esso, sembrerà spaventata, scapperà o chiamerà la polizia. Nelle prime culture le emozioni sono valutate come inerenti all'interazione umana, mentre nelle seconde e nelle culture simili dell'Occidente sono escluse dalla normale comunicazione e represse in una sfera tabù o addirittura nella criminalità.

Chi si fida delle emozioni, si fida della vita; la vita si manifesta attraverso il flusso, le emozioni e l'energia calda. Non dimenticate che abbiamo corpi caldi e che solo i corpi morti sono completamente freddi! E considerate anche che non è la rabbia calda, ma la fredda razionalità che ha inventato la bomba al napalm e la distruzione nucleare, chiamando ordinatamente quelle armi distruttive di massa 'sistemi di difesa' o 'deterrenti.' Solo sulla base della repressione delle nostre emozioni naturali potrebbe crescere una civiltà che distrugge in modo freddo e altamente efficiente.

Anche le emozioni sono efficienti, non nel senso di una logica di sinistra-cervello a corto raggio che ignora gli eventi ciclici della vita e non è in grado di coglierne l'integrità o la santità, ma secondo il principio del libero flusso, la legge bioenergetica dei cicli. Dopo la rabbia viene la pace o la gioia. Le emozioni sono le infinite ricchezze della vita. Esse fanno sì che noi siamo esseri che si sentono falliti, che siamo appassionati e quindi compassionevoli. La maggior parte degli atti distruttivi non deriva dall'autoregolamentazione, ma dall'eccesso di regolamentazione, il troppo controllo tipico della società moderna.

Solo un individuo emotivamente sensibile può provare compassione per un altro. Un individuo che ha messo sotto ghiaccio le proprie emozioni non reagirà in modo sorprendente di fronte alla mano aperta di un altro. Solo se riconosciamo che noi esseri umani siamo sempre potenzialmente e spesso realmente falliti, possiamo sviluppare un umanesimo che comprende l'integrità della vita e delle nostre emozioni.

Per tornare più specificamente alla discussione sulla rabbia, è essenziale vedere che la rabbia è un'emozione che ci spinge a costruire l'identità. Senza un'identità, senza distinzione dal gruppo, dal collettivo, dal campo sociale, non possiamo sviluppare il potere dell'anima.

Perché questo accada, dobbiamo trovare i nostri limiti e scoprire la nostra differenza. Ogni volta che dimentichiamo questa verità e ci dissolviamo nell'alienante sovrapposizione dello spirito di massa, la rabbia ci richiama alla nostra missione, alla nostra unicità, alla nostra verità.

Guardiamo come i bambini gestiscono la rabbia! I bambini piccoli, se non sono sottoposti a un'educazione repressiva o anti-emotiva, sono spesso arrabbiati. Ci sono fasi nello sviluppo dei bambini in cui essi perdono regolarmente il controllo; in questi momenti i bambini costruiscono la loro identità diventando consapevoli della loro differenza. Avete mai visto quei bambini che giocano tra loro e si arrabbiano e che a volte si picchiano, danneggiano irrimediabilmente un altro o addirittura uccidono un compagno di giochi? Il fatto che questo non succeda praticamente mai ci mostra quanto sia importante esteriorizzare le emozioni, e sul posto. Il coaching o la terapia integrativa cerca di ristabilire la nostra armonia interiore attraverso la re-integrazione delle nostre emozioni, mostrando al contempo come accettare la rabbia come emozione positiva.

Riassumendo, il modo di costruire il *rispetto di sé* è allineato con il modo di iniziare a rispettare le nostre emozioni. Tuttavia, in molti di noi le emozioni conducono ancora un'esistenza in ombra, e quest'ombra conduce una sorta di vita separata. In casi estremi di schizofrenia, causati da una scissione delle emozioni non accettate, quest'ombra è diventata una creatura simile a un mostro che a volte mette la persona sotto un tremendo terrore. Tuttavia, possiamo in ogni momento entrare in un dialogo costruttivo con quest'ombra che è in noi e renderlo nostro amico. Per esprimerla poeticamente, è la nostra ombra che dà profondità all'immagine che rappresentiamo nella vita esteriore; è la nostra ombra, e la nostra integrazione della sua energia, che ci fa venire, nel dialogo sociale e nello scambio, come autentici e veri.

In questo accumulo di rabbia che si congela in un'ombra interiore, c'è un immenso potenziale energetico. Una volta che riusciamo a entrare in contatto con l'ombra e a integrare il suo potenziale energetico, ci arricchiamo sostanzialmente e ci rendiamo conto della profondità della vita. Il risultato è una fonte di creatività e di gioia di vivere.

Attraverso il dialogo con la nostra ombra, come parte del nostro io interiore, l'energia in noi che sempre nega, entriamo in contatto con il nostro vero io. Inoltre, questo lavoro libererà passo dopo passo l'energia contenuta nella repressione dell'emozione indesiderata. Questa energia è poi disponibile per scopi creativi e per cambiare il modello comportamentale che ha portato ad un accumulo di frustrazione e negatività.

Per mettere questa verità in una formula accattivante, la negatività e la distruttività possono essere contrastate solo con l'ammissione delle emozioni, non con la loro remissione.

Un'altra parte di noi che spesso esprime rabbia è il nostro *bambino interiore*. Con molti di noi questo bambino interiore è stato ferito o tradito. Può essere in uno stato catalettico, uno stato di totale mutismo, e può non rispondere all'inizio a qualsiasi tentativo di entrare in contatto. Questo stato di cose è stato determinato nella maggior parte dei casi dal rifiuto dei nostri custodi di lasciarci crescere in autonomia. La nostra reazione viscerale primaria è stata la rabbia cieca, perché ci sentivamo completamente impotenti di fronte a un mondo di adulti travolgente che non capivamo il nostro naturale desiderio di crescere fin dall'infanzia.

La magia dell'infanzia è che nessun bambino vuole essere un bambino, ma piuttosto un adulto in spe. Poiché questo *bisogno viscerale di autonomia* non è stato soddisfatto dal nostro ambiente iniziale, abbiamo come adulti la responsabilità di genitori del nostro bambino interiore.

La rabbia non è un grosso problema quando viene espressa da un bambino, eppure può essere difficile da gestire quando ci si affeziona ad un adulto che si rifiuta di integrare la propria energia infantile interiore. Gli esseri umani distruttivi sono spesso bambini distruttivi perché non hanno dato al loro bambino interiore la possibilità di crescere. Allo stesso modo, una cultura distruttiva è una cultura infantile, una cultura che non è maturata all'interno, ma all'esterno è potente e sofisticata, con tutta la sua conoscenza e la sua orgogliosa aggressività.

Recuperando e guarendo il nostro bambino interiore, guariamo la nostra ferita primordiale. Il risultato è un fantastico flusso di energia creativa, spontaneità, giovinezza e saggezza, e una forte volontà di vivere. Inoltre, la nostra capacità di amare sarà rinnovata e avremo un'energia superiore in tutto ciò che facciamo.

Quando il nostro bambino interiore è furioso, dobbiamo capire le ragioni di questa rabbia, e allo stesso tempo vedere che noi adulti non abbiamo più bisogno di questa rabbia perché non è altro che un modello di comportamento condizionato che possiamo cambiare se vogliamo. Una volta che riconosciamo nel profondo che la vera età adulta è quella di essere vulnerabili e aperti alla vita, il modello cambierà da solo. L'energia vitale contenuta nel modello che è stato bloccato sarà allora liberata e servirà a scopi più creativi.

Si prega di notare che le parole 'rabbia' e 'coraggio' sono correlate. La rabbia fa parte del coraggio, non solo letteralmente, ma anche nella vita reale. Il coraggio non è altro che rabbia sublimata. Quando si sopprime la rabbia, non si può diventare coraggiosi. Questo fatto è espresso nella mitologia dal racconto di Ercole che uccide il leone e gli mette la pelliccia del leone intorno alle spalle, simboleggiando così che Ercole era diventato il leone stesso, essendo il leone la quintessenza del coraggio nella maggior parte delle culture dell'Antichità fino ad oggi.

Una volta che si riesce a gestire la propria rabbia, e non prima, si è ammessi alla ristretta cerchia di coloro che hanno un vero coraggio, le anime coraggiose.

Lutto e Individuazione

Il lutto è importante. Ci fa entrare in contatto con la nostra profondità interiore e ci fa sentire tutto il nostro essere. Serve anche a liberarci dall'attaccamento, che si tratti di una persona o di un oggetto che abbiamo amato. Il lutto è quindi essenziale per il rinnovamento.

L'attaccamento ha sempre la tendenza a tirarci fuori dal nostro centro e ad allontanarci dal nostro vero sé. Tuttavia, sarebbe una posizione estrema per vivere senza attaccamento. Alcuni saggi ci mostrano che è possibile rinunciare al mondo e vivere una vita isolata. Eppure questa è piuttosto l'eccezione e potrebbe indurci a credere in una posizione estrema che sarebbe contro la nostra natura.

Ci sono insegnanti spirituali come Ramana Maharshi o J. Krishnamurti che ci dicono di restare nel mondo, di non fuggire dall'attaccamento o dagli sforzi mondani e invece di affinare la nostra attenzione ai tanti piccoli dettagli della vita, interiormente ed esteriormente.

Infatti, l'attaccamento e il distacco sono in qualche modo movimenti dialettici e hanno entrambi il loro posto nella vita. Un distacco forzato e non accompagnato dal lutto finirebbe con un arrogante auto-isolamento che non solo taglierebbe i nostri rapporti con l'esterno, ma, peggio ancora, erigerebbe una barriera al nostro io interiore. C'è un significato profondo nascosto in ogni processo e in ogni circostanza della vita. Se non afferriamo questo significato non possiamo creare nuovi cicli di vita costruttivi. La nostra influenza sulla vita disturberebbe o ostacolerebbe il processo evolutivo programmato nelle nostre cellule fin dall'inizio della creazione.

E c'è anche un significato nell'attaccamento! Molti giovani e anche adulti che vivono in profondo attaccamento o in fusione con altri proiettano su di loro la loro simbiosi infantile e cercano implicitamente di liberarsi dai loro legami fusionali. L'attaccamento, paradossalmente, inteso come processo di distacco e di liberazione, può portare all'autonomia personale.

Ciò richiede però la consapevolezza di tutto il *processo di codipendenza* e la dialettica dell'attaccamento e del distacco. Non è di per sé malsano essere attaccati ad altre persone e a cose materiali finché siamo consapevoli di questi attaccamenti e li osserviamo passivamente. Così facendo, vedrete che l'attaccamento è un processo, e rimarrete aperti a una graduale trasformazione dell'attaccamento in libertà.

L'autonomia è uno stato naturale dell'essere che ci permette di essere pienamente responsabili del nostro essere e della nostra attuale incarnazione. Il lutto è quindi un vero e proprio potere e ci aiuta ad assumerci la responsabilità della nostra vita e del nostro destino individuale. Da ogni processo di lutto nasciamo neonati e ci ricolleghiamo alle nostre radici più profonde. Ogni lutto ci libera dalle vecchie pelli e ci rende più veri. Spesso progrediamo prima a livello interiore prima di incarnare questa evoluzione interiore nella nostra vita e nelle nostre relazioni esterne.

Nelle relazioni personali accade spesso che un partner pensi di avere un obbligo nei confronti dell'altro rimanendo legato a lui o a lei. Tuttavia, tale convinzione nasconde un'idea sbagliata, una confusione tra i propri bisogni e quelli del partner. In secondo luogo, il partner che si sente obbligato a rimanere con l'altro non tiene conto del fatto che ogni relazione si basa sul consenso di entrambi i partner. Inoltre, la legge di attrazione, una delle leggi fondamentali dell'universo, regola non solo il rapporto dei corpi celesti ma anche quello degli esseri umani.

Se nel rapporto particolare, questa legge indica non l'attrazione, ma la repulsione, tutti gli sforzi per mantenere un tale rapporto saranno vani e provocheranno tensioni, dolore e disgregazione. Se una persona non si sente più attratta da un'altra, il magnete che un tempo attirava questi esseri l'uno verso l'altro ha perso la sua forza. È di secondaria importanza che solo uno dei partner veda questo fatto, mentre l'altro lo ignora e vuole mantenere la relazione. Il fatto che l'attrazione fallisca da un lato indica la verità che manca in tutto il rapporto. In questo caso il partner che vuole continuare la relazione deve passare attraverso il lutto, che è un processo di autotrasformazione e porta a una nuova e più profonda connessione con se stesso.

Il lutto porta a un più forte senso di identità, centrandoci sulla nostra verità e sulla nostra realtà. Il lutto è un processo che ci insegna la capacità di lasciarci andare e di accettare. Il dolore del lutto diminuisce alla velocità con cui accettiamo e ci lasciamo andare. C'è una connessione interiore tra il lutto e la malinconia nella sua forma di sogno creativo ad occhi aperti. Se accettiamo di rimanere liberi dentro di noi e siamo in grado di lasciarci andare, non abbiamo bisogno di fuggire in un'attività ossessiva, ma possiamo prenderci del tempo per non disturbare il processo di crescita interiore.

Il lutto è legato alla nostra capacità di amare. Se possiamo lasciarci andare, possiamo amare. Se ci lasciamo andare al lutto, ci purifichiamo da tutto ciò che ci impedisce di amare. Quindi il lutto non è un'emozione negativa. È del tutto positivo.

Il lutto, allo stesso modo dell'amore, guarisce il nostro *flusso bioenergetico interiore*. Tuttavia, se rifiutiamo il lutto, fuggendo in attività vane o abbandonandoci all'amarezza, all'odio o alla frivolezza, blocchiamo il flusso di energia e quindi blocchiamo la vita e l'evoluzione.

Tutte le emozioni naturali hanno un significato profondo. Ci riconducono sempre al nostro essere interiore, ci ricollegano al nostro vero sé e ci permettono di sentire la vita con tutti i nostri sensi come un meraviglioso processo di spontanea pienezza.

GIOIA E TRISTEZZA

Può sembrare insolito che io parli di *gioia*, mentre noi siamo abituati a parlare di tristezza. Perché è così? Perché lei dirà che non ci sono dubbi sulla nostra preferenza per la gioia e che la gioia è bella e desiderabile, e la tristezza no. Tuttavia, non è così facile. Chi permette la rabbia e il lutto, sperimenterà la gioia. Eppure chi reprime la rabbia e il lutto, avrà difficoltà a sentirsi veramente gioioso e leggero.

Che cos'è la gioia? Che cos'è la tristezza? La gioia è piacere? No, piacere e gioia sono fondamentalmente diversi in quanto il primo ha bisogno di un oggetto mentre il secondo no. La gioia non ha bisogno di una ragione. La gioia della vita richiede una profonda fiducia nel fatto che la vita ha un senso, un significato, e che vivere ha un senso.

Ciò non significa che la vita debba contenere un compito o fornire un senso. Il senso è contenuto nella vita come strato di base o come caratteristica di base. Quando siamo gioiosi, siamo felici di vivere, e ci piace godere, perché godere è un'espressione immediata della vita stessa. La vera gioia non è possibile se il nostro cuore è carico di sentimenti negativi, soprattutto senso di colpa, rimpianti e tutto ciò che è legato al passato. La tristezza è questo, un accumulo di colpa, rimpianto e sentimentalismo. Se portiamo il nostro passato come un fagotto sulla schiena, lo portiamo nel nostro cuore. E poi, siamo nel dolore, nella tristezza. Tuttavia, quando siamo addolorati, non vediamo che l'oggetto del dolore è il dolore stesso.

La tristezza non è qualcosa di genuino, ma un'impronta del passato, una superficie ingannevole della nostra memoria. Il passato non ci minaccia, è piuttosto un mazzo di fiori vecchi, semplicemente aneddotico, un insieme di lettere di cui alcune profumano di rose e altre di mele marce. Il passato è come una scatola di giocattoli e vestiti sporchi in cui è nascosto un diamante dimenticato che ha dimenticato di brillare. Il passato è la spazzatura delle nostre celle.

La gioia è libera dal passato. È un processo creativo e riformatore. Spesso arriva con tutta la sua forza subito dopo il lutto e rappresenta una nuova nascita, un nuovo inizio di vita nel presente. La gioia non è legata alle circostanze. Viene dall'interno, si muove dal guscio verso l'esterno, centrifugo, verso la vita.

Allo stesso tempo la gioia è un'emozione che ci dà la sensazione di essere in profonda e misteriosa comunione con tutto il creato. Essere abbracciati a milioni! ha scritto Schiller nel suo *Inno alla Gioia* che Beethoven ha usato come testo della sua IX Sinfonia, la preghiera in musica che va oltre ogni religione.

Il nostro caleidoscopio di emozioni non consiste solo nella gioia, ma anche le altre emozioni hanno il loro posto. Limitare la nostra vita interiore a una sola emozione equivarrebbe a un impoverimento. Se cerchiamo di mantenere costantemente una singola emozione in noi, sia essa la gioia, blocchiamo il flusso bioenergetico del caleidoscopio delle nostre emozioni. Ma molti di noi che escono da ambienti negativi iniziali cercano di reprimere le emozioni che considerano negative e allo stesso tempo cercano di esprimere solo emozioni positive.

Il risultato è un notevole impoverimento dell'affetto e della sensibilità e un aumento del potenziale di violenza perché ogni emozione, se repressa, reagisce come la tigre nella gabbia, e diventa così più virulenta e più esplosiva.

Accettando tutte le nostre emozioni, possiamo con un po' di esercizio raggiungere uno stato interiore di armonia e di gioia permanente. Il primo passo su questo cammino è accettare tutte le nostre cosiddette emozioni negative e osservarle passivamente. Poi siamo gradualmente in grado di esprimerle in modo costruttivo. Dobbiamo semplicemente riconoscere che queste emozioni ci appartengono, che siamo in un certo senso queste emozioni, almeno a volte, e che sono significative nell'esprimere parti della nostra anima. Una volta studiato il caleidoscopio delle nostre emozioni, scopriremo che tutte le emozioni sono legate l'una all'altra in un'interdipendenza intelligente e che ne abbiamo bisogno per il nostro benessere.

INTEGRARE LE EMOZIONI

Perché non siamo robot, pensatori puri, analizzatori e esecutori spietati? Perché abbiamo dei sentimenti? I sentimenti ci permettono di vivere la vita come un contatto diretto con la realtà. Parliamo di un'esperienza che ci è andata 'nelle ossa.' È come se avessimo sentito quell'evento con tutto il nostro corpo, non solo con la nostra mente e i nostri sentimenti. Cosa intendiamo quando parliamo di un'esperienza 'toccante?' Non significa forse che l'intensità dei nostri sentimenti, o delle nostre emozioni, durante l'esperienza è stata molto profonda?

Il controllo delle emozioni non è il modo più costruttivo di gestirle. Dovremmo anche evitare di usare il termine 'controllare le emozioni,' ma parlare di *integrare* le nostre emozioni. Integrazione significa che accettiamo e osserviamo passivamente l'interazione creativa di tutte le emozioni in noi. Significa che affermiamo la realtà interiore che esse creano e orchestrano e che rispettiamo il loro diritto all'esistenza.

Questo significa anche che riconosciamo di essere costantemente arricchiti attraverso le nostre emozioni e che sviluppiamo un sentimento di gratitudine per queste ricchezze.

Quando abbiamo ferito gli altri con un'esplosione di rabbia, se siamo spesso irritati o di cattivo umore, il problema non è il fatto che abbiamo emozioni, ma che ignoriamo la parte di noi che rappresenta le nostre emozioni. Le esplosioni più o meno incontrollate di emozioni sono sempre il risultato di una repressione dell'emozione specifica che ci causa problemi.

Abbiamo già visto che le emozioni sono espressioni di energia vitale. Questa energia può fluire liberamente o accumularsi. Nel caso ideale essa fluisce e le emozioni si sostituiscono, come abbiamo visto, in un movimento dialettico. In questo modo sperimentiamo l'intero spettro delle nostre emozioni. Si potrebbero rappresentare le emozioni con i colori dello spettro, prodotti da un prisma. Quando si fissa troppo a lungo il proprio sguardo su un certo colore, i muscoli degli occhi si stancano e il colore ci provoca una sensazione di repulsione o di avversione, semplicemente perché ha impregnato troppo a lungo la retina.

Quando siamo troppo concentrati su un'emozione specifica perché blocchiamo lo spettro delle emozioni in noi, il flusso di energia che è causato dal cambiamento delle nostre emozioni viene bloccato. Di conseguenza, iniziamo una lotta interiore con l'emozione che abbiamo bloccato da quando cerchiamo di liberarcene. Tuttavia, più combattiamo questa energia, più ci darà fastidio, proprio come un pesce preso in mano ci sfugge proprio nel momento in cui premiamo forte per trattenerla.

Integrare le nostre emozioni significa riconoscere la loro esistenza e la necessità del loro libero flusso. Un'emozione che si manifesta per la prima volta è sempre relativamente innocua. Se repressa, però, la seconda volta farà un'apparizione più forte e più dura. La terza volta può già assumere forme spaventose, pericolose o distruttive, e così via, fino a quando non ne riconosciamo il diritto all'esistenza e ne ascoltiamo il messaggio.

Il fatto che accettiamo le emozioni e le osserviamo passivamente non significa, come alcuni di voi possono pensare, che abbiamo il diritto di abbattere gli altri con i nostri capricci. Ad esempio, se qualcuno vi ha fatto arrabbiare, non dovete né soffocare questa rabbia, né negarla, né lasciarla esplodere come una bomba.

Esprimere la rabbia in modo costruttivo significa semplicemente dire alla persona che sei arrabbiato o furioso perché ti ha fatto questo o quello o ti ha ferito in un modo o nell'altro. Nel comunicare semplicemente il fatto che si riconosce l'emozione e si sceglie allo stesso tempo un modo costruttivo per esprimerla. Naturalmente, questo richiede una certa dose di autodisciplina e anche un po' di pratica. Usando l'espressione verbale per comunicare le nostre emozioni, *umanizziamo* ogni tipo di sentimento quanto negativamente possiamo percepirlo o qualificarlo.

Il linguaggio ci è stato dato non solo per comunicare pensieri, idee o concetti, ma anche le cose che muovono il nostro cuore. La cultura nel vero senso della parola è una metafora della nostra capacità di umanizzare i sentimenti e i desideri, siano essi asociali, attraverso l'espressione e la comunicazione verbale e artistica.

Otteniamo l'unità interiore e l'integrazione del pensiero e dei sentimenti solo se riconosciamo le nostre emozioni e le rispettiamo in modo da poter rispondere efficacemente ad ogni situazione della vita. Ciò richiede intuizione e sensibilità, oltre che rispetto per noi stessi e per gli altri. E dovremmo sempre osservare la regola d'oro che non dobbiamo fare agli altri ciò che non vogliamo sia fatto a noi stessi.

Nell'*Analisi Transazionale* (AT), un sano atteggiamento positivo verso la vita si esprime trovando se stessi e gli altri stanno bene. Che cosa significa questo? Significa che il lavoro sulle nostre emozioni dovrebbe portare alla loro integrazione e alla loro espressione costruttiva per armonizzare corpo e mente.

Molti di noi sono cresciuti in un ambiente moralistico e affettivamente povero e quindi hanno sviluppato tratti di carattere schizoide; abbiamo separato le emozioni dalla ragione. Un sintomo di questo fenomeno è che l'uomo cerca il calore e l'affetto con la moglie o il partner, la realizzazione sessuale e l'avventura con la fidanzata. Il machismo e il sessismo sono fondamentalmente segni di una struttura caratteriale schizoide, individualmente, nel gruppo o anche a livello nazionale.

Tuttavia, prima di poter cambiare il mondo, dobbiamo aver fatto il lavoro su noi stessi. Perché i difetti che vediamo all'esterno hanno le loro radici dentro di noi. Se vogliamo raggiungere l'unità interiore, è meglio lavorare prima sull'integrazione delle nostre emozioni. Facendo questo, la fiducia in se stessi e la forza interiore si costruiscono spontaneamente. È uno dei paradossi della vita che la nostra forza interiore dipende dalla misura in cui siamo in grado di accettare la nostra debolezza e quella degli altri. Accettandoci come semplicemente umani, diventiamo più che umani.

Quelli di voi che hanno fatto una qualche forma di introspezione sanno quanto siamo imperfetti come esseri umani, ma quanto sia illimitato il nostro potenziale di perfezione. Abbiamo accesso ai nostri affetti profondi solo dal momento in cui smettiamo di giudicarci e criticarci e finiamo per migliorarci. Senza essere indulgenti, pazienti e aggraziati verso noi stessi, non possiamo superare la rigidità nevrotica che ha portato alla scissione delle nostre emozioni, o di certe emozioni, in primo luogo. Questa grazia è la condizione stessa che ci mette in relazione, poco a poco, con il nostro io interiore che abbiamo trascurato e messo da parte.

Si potrebbe chiamare questo processo una *riunione con l'anima*. E il primo passo è quello di iniziare un dialogo con tutto il nostro io interiore. Il primo passo è quello di sentire di nuovo i nostri sentimenti, di prenderne coscienza. Molti di noi reprimono certe emozioni perché queste emozioni sono state incontrate nella nostra infanzia con l'intolleranza dal lato dell'ambiente che ci circonda.

Cosa succede se reprimiamo un'emozione? Sarà sostituita da un'altra. Per esempio, se reprimiamo la rabbia, tipicamente una depressione sarà il sentimento risultante che compensa la rabbia repressa. Questo significa che ogni volta che siamo arrabbiati ci sentiamo depressi, semplicemente perché non permettiamo che la nostra rabbia si manifesti. Questo gioco ipocrita porta a una profonda confusione perché abbiamo dimenticato il legame primario tra rabbia e depressione. Invece di sentirci veramente arrabbiati o furiosi, sperimentiamo invece emicrania, insonnia, allergie o stanchezza.

Attraverso la consapevolezza passiva e l'auto-osservazione possiamo gradualmente rompere questi meccanismi di difesa interiore che abbiamo costruito nell'infanzia.

Vogliamo liberarci di questi meccanismi perché ora, da adulti, possiamo sopravvivere senza di essi, quindi, non sono più funzionali, ma ci rendono emotivamente insensibili, o duri e amareggiati, o addirittura sessualmente freddi o bloccati.

PRIMO PASSO

Il *primo passo* è quindi quello di provare di nuovo l'emozione indesiderata e darle il benvenuto come se stesse bene!

Secondo Passo

Il *secondo passo* è quello di esprimere l'emozione in un modo socialmente corretto. Ciò che poi accade può essere sentito come una sorpresa! Esprimere la nostra rabbia sarà sentito come qualcosa di molto più *innocuo* e molto meno distruttivo di quanto avessimo immaginato!

Terzo Passo

Il terzo passo è una riscrittura di base della nostra sceneggiatura di vita o del nostro programma interiore. Essendo più integrati e completi, molte delle nostre paure svaniscono, la maggior parte delle nostre fobie si dissolvono e il nostro modulo di pensiero interiore cambia radicalmente.

È come se la sua polarità passasse da negativa a positiva. Allo stesso tempo otteniamo una profonda comprensione di quanto il nostro ex-modulo schizoide non fosse altro che una difesa contro la vita e il suo gioioso movimento.

Il metodo che uso per cambiare radicalmente il nostro modulo di pensiero e ristrutturarlo è la *Preghiera Affermativa*. Secondo questa tecnica di preghiera, i suggerimenti sono dati a se stessi come mantra positivi e che affermano la vita, mentre siamo in uno stato d'animo rilassato. Uno dei pionieri di questo metodo è stato il teologo e filosofo americano Joseph Murphy, fondatore del movimento della *Nuova Spiritualità* negli Stati Uniti.

—Si veda, per esempio, Joseph Murphy, The Miracle of Mind Dynamics (1964).

La preghiera affermativa, se praticata in modo coerente, funziona come una terapia destinata a riorientare completamente il nostro atteggiamento interiore verso l'accettazione della vita nel suo insieme.

Una preghiera positiva che dà forza alla preghiera porta non solo alla consapevolezza dell'importanza di rispettare le nostre emozioni, ma anche a guarire le nostre ferite emotive del passato. Le affermazioni per l'autoguarigione sono per esempio:

Da ora accetto e sento le mie vere emozioni

Accetto con grazia tutte le mie emozioni

Tutte le mie emozioni sono importanti

*Io sono tutto intero e le mie emozioni
sono l'espressione della vita in me*

*D'ora in poi esprimo tutte le mie
emozioni in modo costruttivo*

*Mi accetto come un umano completo che
pensa e sente*

*Tutte le mie emozioni mi collegano con il
mio io interiore*

CAPITOLO TRE
CURARE IL SADISMO

INTRODUZIONE

Mentre nella nostra cultura la psichiatria sembra supporre che il sadismo sia una variante dell'attrazione sessuale, e quindi non una patologia, oppure che sia una patologia che non può essere guarita, la mia ricerca mi ha mostrato che il sadismo è una patologia che può essere guarita.

Innanzitutto, il sadismo non fa parte del nostro naturale assetto sessuale, che è naturalmente tenero e accompagnato da emozioni che si fondono a caldo. Se si soffre di sadismo sessuale, significa che si soffre di nevrosi. In genere, in questa condizione, si percepiscono i desideri sessuali come stimoli, nel senso che sono compulsivi ed esplosivi, e piuttosto 'freddi,' e legati insieme con la violenza, in modo che l'empatia per il compagno sessuale si colloca al secondo posto dietro l'impulso di abreagire ed esplodere sessualmente attraverso l'eccitazione accumulata innescata da atti più o meno crudeli inflitti al compagno-vittima.

In genere, quando si soffre di un'afflizione sadica, il *superego (principio di moralità)* viene fatto esplodere, il che significa che si è praticamente bloccati nella moralità e sul piano emotivo quasi disfunzionali, incapaci di provare una vera empatia.

A livello sessuale, sarete bloccati emotivamente e le correnti della vostra energia sessuale saranno inibite dalla vostra corazza muscolare, che è l'espressione fisica della rigidità e della rigidità emotiva. Il corpo incarna sempre ciò che è nella mente. Se la vostra mente è bloccata e rigida, il vostro corpo diventerà bloccato e rigido; se la vostra mente è aperta e dinamica, il vostro corpo sarà morbido e vigile, si muoverà rapidamente.

Io sostengo che sia il sadico sessuale che quello non sessuale hanno bisogno di aiuto per affrontare la loro sofferenza. La strada da percorrere è quella di rendere pienamente cosciente l'intera complessa rete di sentimenti e compulsioni coinvolti in queste afflizioni, prima di tutto, per poi arrivare

gradualmente a sperimentare scambi sessuali naturali e teneri con partner pienamente consenzienti e
maturi, mentre si pratica l'autocontrollo riguardo
agli atti sessualmente sadici che si desidera infliggere. Una tale terapia o autoterapia ha bisogno di
tempo e i progressi saranno sempre e solo incre-
mentali; non c'è davvero nessuna soluzione rapida
per guarire il sadismo, poiché la ferita originale che
ha causato la risposta sadica è un'impronta nel
corpo luminoso e di conseguenza un solco all'interno della rete neuronale che ha bisogno di uno
sforzo persistente per essere cancellato, e un tempo
relativamente lungo per essere completamente dis-
fatto.

Il sadismo può essere guarito, ma è necessario
un lavoro coerente per cambiare la neuronaia, l'intera struttura comportamentale in materia di relazioni erotiche e non erotiche, e lo sforzo deve essere prolungato; per questo motivo è una buona
cosa essere assistiti da un facilitatore o da un ter-
apeuta, a mio parere, e solo per incoraggiarvi a
continuare.

Oltre al sadismo personale, sostengo che la nostra società è come un metagruppo sadico e ha cre-

ato una serie di istituzioni o modi di comportamento di gruppo che sono da considerarsi sadici.
Per esempio, la scienza cartesiana, con il suo
scartare qualsiasi cosa umana, irrazionale o emotiva, è profondamente sadica. Un altro esempio di
sadismo sociale è la 'protezione dell'infanzia,' praticata dalla seconda metà del XVII secolo circa, e is-
tituzionalizzata e sostenuta dalle forze dell'ordine
fin dagli anni 80a circa; nel frattempo questo paradigma è talmente inflazionato nell'agenda sociale
che può potenzialmente portare alla dittatura politica, al fascismo e alla tirannia, perché il metagruppo ha acconsentito a permettere ai governi di sempre più giurisdizioni di dissotterrare diritti costi-
tuzionali e garanzie di habeas corpus basate su ac-
cuse non verificate di 'abuso di minori.'

A causa dei condizionamenti psicosessuali che
riceviamo nella nostra cultura, non siamo in grado,
come gruppo o società, di raggiungere la vera
eterosessualità, portando così ad una sorta di falsa
eterosessualità. Gli argomenti da me avanzati non
sono facilmente cancellabili, soprattutto se si considera il terreno traballante su cui Sigmund Freud
ha basato la sua cosiddetta teoria del 'Complesso di

Edipo,' come parte della sua più ampia teoria della 'sessualità infantile.'

I fatti che stiamo affrontando nella nostra cultura, dalla codipendenza all'abuso emotivo, alla violenza su larga scala sui bambini, ai 'bambini scomparsi,' non possono essere ignorati con la solita retorica che si trova nei nostri mass media, che si basa o sull'ignoranza di questi fatti psicologici, o sulla conoscenza di questi fatti, o sulla manipolazione dell'opinione pubblica con l'obiettivo di giustificare lo status quo. La confusione è tale che anche la terminologia usata è confusa al punto che la politica legale è incasinata, punendo il colpevole violento con la stessa pena del colpevole non violento quando si tratta di reati sessuali.

Un buon esempio per dimostrare questa confusione è la nozione di *stupro legale* che oggi nella maggior parte delle giurisdizioni è equiparata, nella punizione, allo stupro vero e proprio, mentre non si tratta affatto di stupro, ma di sesso consensuale con un partner minorenne.

Da un punto di vista politico questa è chiaramente una strategia sbagliata, perché non scoraggia il crimine violento gettando la stessa frase draconiana sulla testa di un criminale non violento che dovrebbe essere riservata al criminale iperviolento. Se il sistema penale non considera la violenza abbastanza pericolosa da rifletterla nella qualificazione del crimine violento come più punibile, come possono i governi credere che i cittadini possano potenzialmente diventare meno violenti quando obbediscono a questo tipo di leggi irrazionali, arbitrarie o del tutto insensate? In realtà, ciò che accade è che ogni generazione diventa più violenta della prima, e questo è assolutamente logico all'interno di un sistema giuridico così perverso e sgraziato.

La via d'uscita, come ho dimostrato non solo in questo libro, ma in diverse altre pubblicazioni, è che l'interazione sessuale sia considerata una forma di comunicazione naturale e completamente depenalizzata e sostituita da una consulenza emosessuale di fiducia dello Stato, dando aiuto e sollievo non solo alle vittime di abusi sessuali, ma anche all'altra vittima, la persona che ha maltrattato le loro energie emosessuali ed è diventata abusiva in un caso o nell'altro, senza tuttavia etichettare una persona come 'abusatrice,' come si fa ormai.

Ci possono essere solo atti di abuso, ma non ci sono 'maltrattatori;' non c'è un profilo fisso e identificabile di un 'maltrattatore,' anche se questo è ideologicamente affermato nella maggior parte delle pubblicazioni di oggi. È una retorica all'incirca allo stesso livello degli opuscoli di Streicher durante il regime nazista, che etichettava e metteva pubblicamente alla gogna gli ebrei come 'mostri sessuali.' Noi siamo responsabili delle nostre azioni e del danneggiamento degli altri, ma non è per questo che siamo diventati 'malfattori.' Il vocabolario deve essere drasticamente riformato in questo caso per riflettere qualsiasi progresso nella coscienza che sarà fatto nel tempo, in un futuro prossimo e lontano, in materia di politica sociale.

Cos'è Il Sadismo?

Considero sia il sadismo non sessuale che quello sessuale, perché vedo chiaramente il sadismo come una forma di *violenza*, non come una particolarità di attrazione o preferenza sessuale!

Il sadismo è una costrizione patologica del bioplasma che si realizza non attraverso troppo sesso ma attraverso troppa astinenza, prudenza, repressione sessuale e moralismo. Wilhelm Reich, come primo ricercatore del sesso nella cultura occidentale e alcuni, se non tutti i sessuologi dopo di lui, hanno dimostrato che il sadismo non fa parte del nostro naturale assetto sessuale con le sue calde, fondenti e tenere emozioni, ma una *costrizione del flusso delle energie sessuali* che si realizza attraverso una prolungata verginità, un insufficiente contatto sessuale e l'esperienza durante l'infanzia, la gioventù e la prima età adulta.

Il blocco emotivo nel sadismo non è solo psichico; non si manifesta solo attraverso fantasie sessuali violente, ma, cosa ancora più importante, ciò che accade è che la mancanza della capacità di cedere in profondità alle emozioni sessuali che si fondono a caldo, che fluiscono naturalmente, provoca una somatizzazione della costrizione psicoemozionale sotto forma di un'armatura muscolare intorno alla parte inferiore del ventre, al bacino e alla regione anale.

In genere, il sadismo abbassa l'eccitazione sessuale perché il flusso emotivo è più o meno bloccato nelle regioni più sessualmente vitali del corpo. Di conseguenza, quando si verifica l'eccitazione non viene percepita come un bel flusso caldo e tenero, ma come una tensione più o meno insopportabile che incita ad un atto più o meno violento, solo per liberarsi della tensione.

Quando ciò accade, in molti casi, si ha paura delle proprie pulsioni violente e quindi si ha paura di insiemi di paura in cui si complica ulteriormente la situazione di eccitazione già calda ed esplosiva. Inoltre, il riflesso orgasmico si abbassa nell'afflizione sadica per le stesse ragioni che ho appena indicato.

La scarica bioenergetica completa durante l'orgasmo è possibile solo nel caso in cui i muscoli del basso ventre e del bacino, compreso lo sfintere anale, siano flessibilmente rilassati, e non quando sono costretti. Con il sadico, tipicamente, l'orgasmo è poco profondo, quasi impercettibile, o è così travolgente da causare una profonda depressione post-orgasmica, ma in genere non viene percepito come una sensazione corporea gioiosamente piacevole. A causa della costrizione fisica che va di pari passo con la costrizione emotiva del libero flusso sessuale, è difficile guarire il sadismo. A ripeterlo, fino ad oggi, la maggior parte degli psichiatri continua ad affermare che era impossibile guarire veramente il sadismo sessuale, mentre un trattamento palliativo contro la tensione psicosomatica potrebbe avere successo in molti casi.

Tuttavia, Reich e altri guaritori alternativi hanno dimostrato che il sadismo può essere guarito aiutando la persona a sviluppare il suo pieno riflesso orgasmico, e questo principalmente sciogliendo l'armatura muscolare intorno al bacino, agli occhi e al collo e allo stesso tempo sciogliendo il superego ipertrofico con un adeguato trattamento psicoterapeutico.

Le Due Facce Del Sadismo

Come ho già detto, il sadismo ha due rami principali, il sadismo non sessuale e quello sessuale. Tuttavia, questa è solo la facciata esterna di esso perché energicamente non c'è differenza; i sadici non sessuali reprimono la loro funzione di piacere in quanto inibiscono il loro piacere sessuale derivato dalla violenza sadica che infliggono a causa di un superego ancora più stretto come quello dei sadici sessuali.

L'aspetto peccaminoso del piacere sessuale nell'assetto psichico moralisticamente altamente condizionato dei sadici non sessuali fa sì che essi derivino sentimenti di potere e di dominio quando agiscono sadicamente, e tanto più quando gli obiettivi del loro sadismo sono i bambini.

La letteratura mondiale abbonda di esempi di sadismo non sessuale inflitto ai bambini nella cura della Chiesa, nei monasteri, nelle scuole religiose e persino nelle scuole statali quando sono governati secondo un rigoroso paradigma moralistico. Ne sono esempi l'opera dello scrittore britannico Charles Dickens, in particolare in *David Copperfield*, il poeta francese Denis Diderot, in particolare il suo racconto *La Religieuse*, e l'autore Robert Musil, in particolare uno dei suoi romanzi che è stato trasformato in un film intitolato *Young Törless*, raffigurante il sadismo di un gruppo di giovani di un'accademia militare. Si trovano anche in autobiografie come la storia personale di Charles Chaplin.

Mi tratterrò qui da qualsiasi giudizio quando parlerò di entrambe le forme di sadismo. In realtà, è di scarsa o nulla utilità sentire la gente ruggire di mostri sessuali quando la bambina successiva viene rapita, violentata e uccisa, perché queste stesse persone, presumibilmente così preoccupate, di solito reagiscono con totale indifferenza quando il loro vicino picchia a morte la loro bambina come misura di 'rigorosa disciplina.' Quindi, dov'è la loro giustizia, dov'è la loro misura, dov'è la loro verità? Nel primo caso abbiamo un bambino morto. Nel secondo caso abbiamo un bambino morto.

Ecco perché penso che dobbiamo applicare una *visione funzionale ed energica* per imparare la verità sull'afflizione sadica e la sua sottostante costrizione del flusso emotivo. Per quanto riguarda il sadismo non sessuale, mi limito a citare il cosiddetto castigo dei bambini, la violenza fisica inflitta ai bambini con il pretesto di migliorarli. Non è interessante nel contesto attuale se e a quali condizioni legalmente il castigo fisico è considerato dal diritto penale come un'aggressione violenta e quindi punito come abuso di minori. L'ho fatto in altre mie pubblicazioni.

Come secondo argomento, accenno al sadismo sotto forma di desideri sessuali violenti che coinvolgono i bambini, desideri di stupro, desideri di sottomettere e umiliare i bambini, di punirli con lo stupro, di violentarli dopo averli legati, di mutilarli e/o ucciderli, o il desiderio di copulare con bambini che dormono, sono ubriachi, incoscienti o morti. Tutti questi desideri macabri sono di natura sadica. Tuttavia, sono piuttosto diversi per quanto si spingono lontano e per il tipo di conseguenze che hanno. È sicuramente un disastro quando un bambino viene ucciso e c'è quindi una differenza qualitativa tra lo stupro di un bambino e l'omicidio di un bambino, perché gli effetti dello stupro possono in qualche modo essere affrontati e guariti in una certa misura, mentre un bambino morto è un disastro per tutte le persone coinvolte, compresa la nazione in cui accadono queste cose.

Dato che i media di oggi ritraggono così spesso solo la violenza sessuale, non dobbiamo dimenticare che l'abuso fisico di minori e l'uccisione sotto forma di brutali punizioni corporali è una questione importante ancora oggi nella società moderna che deve essere affrontata in modo responsabile dal legislatore.

Penso che entrambi i gruppi di persone abbiano bisogno di aiuto, quelli che hanno desideri di stupro, tortura e omicidio di bambini, e quelli che ogni tanto aborrissero le loro emozioni non sessuali represse come la rabbia violenta, la rabbia e i sentimenti di vendetta usando un bambino o dei bambini come bersaglio per la loro aggressione e inoltre tendono a giustificare il loro comportamento come 'misura educativa.'

La strada da percorrere è quella di rendere tutti questi desideri prima di tutto pienamente coscienti; poi, e solo allora, i terapisti possono aiutare a guarire l'afflizione sadica e aiutare il cliente ad arrivare gradualmente a vivere il desiderio sessuale in modo costruttivo; il che significa che per poter aiutare il cliente, devono essere d'accordo e lavorare duramente per costruire un sufficiente autocontrollo dall'infliggere dolore duraturo, mutilazione o morte a qualsiasi compagno sessuale, come condizione primaria.

Tale autocontrollo, pur essendo una misura ragionevole in ogni caso, è molto difficile da osservare per i sadici a lungo termine, finché la tensione psicosomatica è così alta da interferire e confondere i processi cognitivi.

Se così non fosse, tutti o grandi maestri di religione, di bontà e di moralità avrebbero da tempo sradicato la violenza e gli abusi dal genere umano; purtroppo dobbiamo affermare oggi più che mai he l'autocontrollo imposto sotto forma di insegnamenti morali ha reso le cose molto peggiori di quanto non fossero e non siano in origine.

Una soluzione può essere trovata solo quando applichiamo un paradigma puramente bioenergetico e cerchiamo di guarire la causa principale del sadismo, che è la costrizione del flusso emotivo all'interno del plasma cellulare e dell'aura.

Il Sadismo Della Protezione Dell'Infanzia

Questo paragrafo si occupa della cosiddetta *protezione dell'infanzia (child protection)*, un movimento molto controverso nella cultura internazionale dei consumatori, perché considera negativamente l'educazione all'autonomia dei bambini.

Critico apertamente l'accento posto da questo movimento sulla *protezione*, che ha la conseguenza di proteggere eccessivamente i bambini, paralizzandoli per la loro padronanza della vita in modo autosufficiente e responsabile. Dall'altro lato dello spettro, vorrei sottolineare i vantaggi dell'educazione permissiva come approccio educativo che reinvestisce deliberatamente l'ambiente di vita del bambino con i pericoli naturali della vita.

È un fatto che nelle società occidentali di oggi i bambini crescono in uno spazio artificiale che li priva di esperienze di vita essenziali e, peggio ancora, di importanti contatti con persone al di fuori della loro famiglia.

Gli educatori moderni come *Maria Montessori (1870-1952)* hanno concepito l'idea di adattare l'ambiente di vita del bambino all'età e alle dimensioni del bambino, separando così adulti e bambini in mondi diversi. Per quanto riguarda il bisogno naturale del bambino di avere una varietà di contatti per diventare una persona socievole e gentile, gli educatori sostengono che tali contatti mettono sempre in pericolo la salute, la sicurezza fisica o l'equilibrio emotivo del bambino.

Tuttavia, le persone che, come me, sono cresciute in gran parte senza protezione e oggi vivono all'estero, saranno d'accordo che nella maggior parte delle culture esotiche e sciamaniche i bambini sono più socievoli, più felicemente coinvolti con uno spettro di esperienze al di fuori della casa e della famiglia, più responsabili e autosufficienti, più disponibili e molto meno cattivi ed egoisti.

Il paradigma educativo perenne si basa sulla fiducia nella natura e sui processi di *autoregolamentazione*. È ancora presente nelle società tribali. Per questo paradigma la scuola ha poca o nessuna importanza, perché l'educazione è principalmente impartita al bambino dai genitori e da altri membri della famiglia allargata. Eppure, mentre questi bambini vivono in un ambiente potenzialmente pericoloso, in realtà sono più sicuri dei bambini della maggior parte dei paesi occidentali. Ad esempio, le statistiche sulla criminalità mostrano che in questi paesi il numero di stupri di bambini violenti, omicidi violenti, omicidi per lussuria o rapimenti di bambini è minimo rispetto alle statistiche di questi crimini nelle società occidentali.

Faccio tre esempi per queste culture, Indonesia, Thailandia e Cambogia, dato che ho vissuto in ognuna di queste culture per diversi anni, e ho visto che i bambini sono più indipendenti lì che in qualsiasi paese occidentale eppure più sicuri; a dire il vero, i casi di criminalità infantile sono molto rari.

Gli esperti di criminalità occidentale, giustificando il paradigma occidentale di protezione dell'infanzia, tendono a sostenere che non si può fare affidamento su queste statistiche, poiché la maggior parte degli abusi sui bambini non è stata denunciata in quelle culture.

Si tratta certamente di un'argomentazione difficile da confutare. D'altra parte, avendo vissuto per più di venti anni nei paesi in via di sviluppo, posso dire che non ho sentito o visto casi di questo tipo da rapporti personali o da giornali locali o altre fonti affidabili in quei paesi. Questo non significa però che in queste culture non ci siano stati abusi; gli abusi esistono sotto forma di rivolte etniche.

Nel 1998, mentre risiedevo a Giacarta, in Indonesia, le rivolte contro la minoranza cinese hanno portato a una dilagante aggressione fisica e sessuale e molte donne e bambine cinesi sono state stuprate e bruciate da orde di giovani uomini che, durante questa orgia orrenda e massacro, hanno gridato canzoni islamiche e citazioni del Corano.

La stampa mondiale non ha menzionato con una sola parola che la violenza sessuale e la religione si sono così collegate durante quegli attentati genocidi, che è un altro esempio dell'approccio bendato che i giornalisti, in tutto il mondo, adottano per compiacere i loro donatori di pane. Non sarei stato a conoscenza dei dettagli di quegli attacchi se non avessi trovato, su Internet, tutta una serie di testimonianze che mostravano chiaramente l'intenzione di lasciar perdere gli organizzatori di questi pogrom. Alcuni hanno presentato prove che dimostrano che una parte dell'esercito di destra era coinvolta in quegli attacchi.

Mentre, quando studiavo negli Stati Uniti trenta-cinque anni fa, mi veniva costantemente ricordato il rapimento di un bambino quando ricevevo il mio latte quotidiano, la scatola del latte con ogni mattina un altro bambino, con foto e dettagli, che era stato rapito negli ultimi tre o cinque mesi e dove tutte le ricerche della polizia e dei servizi segreti erano state vane. E quando accendevo la televisione, c'era almeno un momento ogni giorno in cui si parlava per la prima volta del tema dell'abuso, del rapimento, dello stupro o dell'omicidio di un bambino.

Tra le tante culture in cui ho vissuto e lavorato negli ultimi vent'anni, il paese più insicuro è stato proprio quello che ha maggiormente sottolineato la sicurezza dei bambini e la necessità di proteggere efficacemente i bambini: gli *Stati Uniti d'America*. È tra tutte le nazioni pacifiche il paese che mostra, da molti anni, il più alto numero di crimini legati ai bambini. E questo è davvero ironico, visto che sono state le *organizzazioni americane* a proporre il concetto di protezione dell'infanzia.

Dal loro punto di vista allarmato, si può ben comprendere la loro motivazione, ma se visti in una prospettiva internazionale, la loro pressione per ridurre drasticamente le libertà civili allo scopo di 'più sicurezza per il bambino' appare folle. Questa contraddizione tra la realtà promossa dalla propaganda mediatica americana e la realtà reale di quella cultura è un tratto tipico dell'ipocrisia dei paesi occidentali nei confronti dell'infanzia. Gli Stati Uniti sono solo più estremi, ma la mentalità arrogante, ipocrita e sapientona pervade tutte le società europee e occidentali, in realtà un relitto psicologico del colonialismo. E che cos'è oggi l'infanzia nel mondo industrializzato occidentale, se non una scissione schizofrenica tra il mondo degli adulti, e quindi degli esseri responsabili privilegiati, e il mondo dei cosiddetti bambini, e quindi degli esseri irresponsabili inferiori?

I media, soprattutto la televisione e il cinema, giocano un ruolo importante in questo falso teatro, diffondendo in tutto il mondo il sistema di valori del consumatore occidentale, un sistema di valori che, sopprimendo e criminalizzando le forme più tenere di interazione sessuale tra generazioni, genera violenza, odio e iper-aggressività mescolati a sentimentalismo e a una mentalità contorta verso il sospetto, la diffidenza, la difesa e l'insolenza. Il comportamento di una larga maggioranza di bambini occidentali, ma più o meno una parte importante di tutti i bambini nelle società tecnologicamente avanzate, mostra, come risultato della privazione tattile nell'infanzia, i seguenti modelli di comportamento patologico:

- Mancanza di gentilezza e mancanza di empatia con gli altri;

- Mancanza di autonomia, di fiducia in se stessi e di responsabilità;

- Comportamento aggressivo, derivante da attaccamenti simbiotici;

- Forte egoismo e atteggiamento 'difficile;'

- Frequente ansia, insonnia o incubi;

- Forte attenzione materialistica, dipendenza dalle etichette;

- Modelli di comportamento e modelli di ruolo standardizzati;

- Violenza scolastica come il racket di quelli più piccoli;

- Pigrizia, mancanza di attenzione, a volte analfabetismo;

- Depressioni, abuso di droghe, disfunzioni sessuali.

Non ci sono soluzioni rapide per guarire questi sintomi e, se ci sono, fanno esattamente questo, curano i sintomi, ma non la malattia alla sua origine. La malattia è culturale, psicologica e ideologica; è la mentalità puritana che punisce il piacere e sminuisce la violenza, che radica ogni comportamento spontaneo e creativo a favore di un comportamento che va di pari passo:

- Culto di leader come modello idealizzato;

- Forte materialismo;

- Pensiero del possesso nelle relazioni umane;

- Priorità razziale o idee missionarie;

- Umiliazione invece dell'umiltà;

- Sadismo, violenza fisica contro i bambini;

- Giustificazione della schiavitù, della guerra civile e della violenza strutturale;

- Leggi orientate alla vendetta e sistema carcerario violento;

- Religione con un dio geloso, vendicativo e violento;

- Forte proibizione del sesso prematrimoniale;

- Predominio dei valori patriarcali;

- Eredità maschile prima dell'eredità femminile;

- Grande considerazione per le professioni *yang*;

- Alto disprezzo per le professioni *yin*;

- e così via.

Eppure, molti cittadini statunitensi tendono ancora a credere di vivere in una società liberale e libera, incolpando i talebani e altre minuscole minoranze di aver agito nell'ombra che negano di ammettere e di realizzare nel proprio assetto emotivo e socio-politico.

Per quanto riguarda i diritti dei bambini, la loro retorica è sospettosamente simile a come l'ex-regime dell'apartheid in Sudafrica parlava degli schiavi neri e del loro status sociale.

Tutti i diritti dei bambini rivendicano una vita emotiva e sessuale libera, disinibita e non manipolata durante l'infanzia e la giovinezza, e sono controbilanciati da argomenti che negano i bambini, in particolare:

- La capacità di determinare se stessi;

- La capacità di fare scelte responsabili;

- La capacità di identificare ciò che potrebbe danneggiarli;

- La capacità di sviluppare l'autonomia;

- La capacità di fare amicizia;

- La capacità di affermare se stessi;

- La capacità di acconsentire a rapporti sessuali.

Prima di rispondere a ciascuno di questi argomenti in modo più dettagliato, lasciatemi dire ciò che sembra un luogo comune ma non lo è: chi educa i bambini a diventare schiavi dipendenti, chi nega loro di fare scelte responsabili, chi nega loro di determinare la loro vita privata, le loro amicizie e i loro attaccamenti emotivi, figuriamoci di condurre la propria vita sessuale, non deve meravigliarsi che i bambini che crescono in una mentalità così restrittiva si adeguino esattamente all'immagine di schiavi irresponsabili e immaturi.

Ecco perché la propaganda della protezione dell'infanzia è un mero eufemismo e non ha quasi alcun valore empirico. Sono una facciata di soggetti ideologicamente fissati che trasmettono come verità quella che è più precisamente la realtà manipolata che essi stessi hanno creato attraverso la loro *mentalità paranoica* e la violenza totale che scatenano quotidianamente sui loro figli in quella che chiamano 'educazione rigorosa.'

Naturalmente, per loro ciò che ritengono vero è vero. La loro impostazione ideologica permette loro di vedere la realtà, e soprattutto la realtà dei bambini, attraverso un occhio distorto. Il loro riguardo per i bambini può essere paragonato, nella migliore delle ipotesi, al riguardo che gli aristocratici zaristi hanno concesso ai loro vassalli dell'anima. E il loro protezionismo è un parallelo esatto con il protezionismo che un padrone di casa russo esercitava sui suoi schiavi dell'anima. La parola protezionismo dice tutto. È la chiave per capire l'ipocrisia che si cela dietro ogni sorta di cosiddetta protezione.

Qualche interessante parallelo viene fuori quando guardiamo un'altra di queste false realtà: la nozione giuridica di *protettorato*. In questo termine di diritto internazionale incontriamo ancora una volta il verbo 'proteggere,' e anche qui è un pretesto per l'occupazione coloniale di un territorio straniero in violazione dell'articolo 2, paragrafo 4 della Carta dell'ONU, e quindi contro il diritto internazionale. Questo termine rivela che il pretesto per proteggere l'altro è spesso, anche nel diritto delle nazioni, un atto di stupro che mira a violare l'altro e a privarlo dell'autonomia e dell'autodeterminazione.

Credo che la vera democrazia possa esistere ovunque, indipendentemente dal regime a cui una cultura o una nazione aderisce, purché abbia un fondamento culturale e spirituale che rispetti i valori umani e la vita umana. Se ci liberiamo dai giudizi in bianco e nero che dividono il mondo in Oriente e Occidente, alto e basso, maschile e femminile, buono e cattivo, e così via, e abbiamo una nuova e fresca considerazione per l'educazione, dobbiamo riconoscere che essa ha bisogno di saggezza e pazienza. Tuttavia, non è dato a tutti di essere malinconici e pazienti, e questo è il motivo per cui, nell'antichità, l'insegnamento si rivolgeva a filosofi e uomini di alta cultura personale.

Possiamo anche evidenziare il problema da un altro punto di vista. Dove le persone hanno bisogno di un capitano, non sono in grado di guidarsi da sole; dove hanno bisogno di un movimento di destra ultraconservatore per la protezione dei bambini, non sono in grado di proteggere i loro figli nell'ambito della loro autorità di genitori, e questo, scusatemi, è sicuramente un segno di sconfitta e di irresponsabilità. E se ci chiediamo perché sia così, otteniamo alcune chiavi sui veri problemi dell'infanzia nelle nostre culture occidentali. A mio parere, le ragioni sono:

- Il disinteresse di molti occidentali per i bambini;

- Interesse della maggior parte degli occidentali per i beni di consumo;

- La mancanza di cura che le persone hanno sofferto durante l'infanzia;

- Trasferimento del potere di tutela dalla famiglia allo Stato;

- Mancanza di conoscenza di ciò di cui i bambini hanno realmente bisogno;

- Atteggiamento ipocrita riguardo ai fatti della vita;

- Mancanza di un contatto premuroso tra le generazioni;

- Mancanza di fiducia a causa della disgregazione della famiglia allargata;

- Mancanza di libertà per forme alternative di convivenza;

- Aggressività considerata migliore della tenerezza/cura;

- Comportamento emotivo difensivo a causa della mancanza di fiducia;

- Trascuratezza dei bisogni emotivi dei bambini;

- e così via.

Questo elenco non è esaustivo. Mostra il picco dell'iceberg. Se c'è un settore della società moderna che è davvero trascurato, è l'istruzione. Il problema è che l'educazione non è più umana e non sembra essere destinata all'uomo, ma ai robot. Dato che siamo ancora a livello di istruzione degli schiavi, quello che abbiamo è in realtà una falsa istruzione, una non-istruzione.

Con lo sradicamento dei nobili, abbiamo sradicato la vera educazione che, anche in questo caso non a caso, una volta si chiamava umanistica.

IL SADISMO DELLA SCIENZA MODERNA

La scienza moderna ha contribuito in larga misura all'impoverimento dell'istruzione con il suo approccio residuo alla vita. La scienza moderna non è nemmeno moderna. È stata costruita su ciò che prima era nelle mani della maggior parte dei credenti obbedienti della Chiesa, non sulla vera saggezza sostenuta da eretici, poeti, astrologi, streghe e alchimisti.

La scienza moderna occidentale solo recentemente ha iniziato a integrare gradualmente alcune delle maggiori intuizioni della scienza perenne, crescendo così gradualmente in una scienza veramente olistica. Eppure, anche allora, non sarà una scienza così moderna, poiché ciò che otterremo, per allora, sarà solo ciò che gli alchimisti già conoscevano più di mille anni fa. Per non parlare di fonti molto più antiche di questa perenne saggezza, come la visione olistica del mondo dei taoisti e le scienze ermetiche in Babilonia, Egitto, Persia, India e altre delle antiche alte culture dell'Eurasia che hanno cinquemila e più anni.

In secondo luogo, e più importante, la scienza moderna si basa su un concetto *residuo* della vita che, pur essendo stato messo in discussione dalla fisica quantistica, non riconosce ancora che il primo principio, il principio creativo, è l'energia, e non la materia, e che la materia non è diversa dall'energia in quanto ne è solo una specifica forma condensata. Quindi, ciò che Einstein vedeva come una contraddizione nell'osservare che le particelle tendono a volte ad essere materia e a volte onde, era un inevitabile deflusso dal punto di vista dell'osservatore di Einstein. La teoria della relatività fu il primo passo per rompere il principio della materia che regnava da quando Aristotele, in Occidente, e la fisica quantistica seguì questa linea ancora più strettamente e con risultati apparentemente più rivoluzionari. Ma il primo passo di questo percorso di redenzione è stato il più audace; in questo senso Einstein era un vero alchimista tra gli scienziati moderni.

Nonostante il fatto che la scienza moderna sia attualmente messa in discussione da una crescente preoccupazione per il nostro ambiente e dalla crescente minaccia per la nostra salute e sicurezza, l'istruzione è molto indietro rispetto alle scoperte di una scienza più olistica.

Se indaghiamo sui risultati che la visione restrittiva, residuale, antinaturale e antispirituale del mondo ha portato nell'educazione, osserviamo che la qualità è stata sacrificata per la quantità. La qualità dell'educazione che una volta era riservata ai nobili è stata sacrificata per ottenere un'educazione standard minima per le masse. Abbiamo quantificato la stupidità con l'insensata convinzione che la stupidità per il più porterebbe meno stupidità per tutti.

Più specificamente, nel nostro tentativo di far nascere scienziati funzionali e non scienziati intelligenti o malinconici, abbiamo sviluppato un'educazione a tale scopo, un'educazione che, limitando la vita a un concetto meccanico, fa nascere funzionari e dipendenti meccanici. Questo era logico, dato che dovevano inserirsi in una scienza meccanica, in un sistema sociale meccanico e in una religione meccanica con un unico dio maschile che si può compiacere e manipolare andando in chiesa, oppure con la falsità, il sentimentalismo e in generale una vita piena di tabù e restrizioni.

Dobbiamo renderci conto che l'educazione dipende dalla visione del mondo che regna e dal paradigma della scienza che regna. Solo i governi realmente democratici permettono un'educazione che educa le persone a svolgere il ruolo di elementi alternativi all'interno del sistema tradizionale, permettendo così l'esistenza di una controcultura. E laddove tali controculture esistono, non solo conoscono e divulgano le intuizioni che presento in questo studio, ma ne parlano quotidianamente.

Nel frattempo, la cultura *mainstream*, incapace di trovare soluzioni creative o approcci interdisciplinari agli attuali complessi problemi relazionali, continua nel suo mix di crudeltà e sentimentalismo, nella sua attenzione al controllo e al controllo delle persone, nella sua mancanza di fiducia nei processi di autoregolamentazione, nella sua ignoranza sulla natura ciclica della vita, nella sua paura generale della vita, nella sua ansia di piacere, nella sua crescente violenza e nella sua totale ignoranza sulla vera, e non falsa e ipocrita, spiritualità.

Il concetto di *protezione* è un ingrediente importante nel back-office del mainstream e nella sua strategia per controllare le relazioni invece di concedere alle persone la libertà, e la responsabilità, di autoregolare i loro processi di scambio con gli altri. E sicuramente la protezione non risolverà i nostri problemi relazionali, ma al contrario li renderà ancora più complessi e irrisolvibili, perché questi problemi sono legati a come usiamo la nostra bioenergia, a come gestiamo le nostre emozioni. Più portiamo il controllo e la supervisione, la persecuzione e la paura, più tendiamo a bloccare il flusso naturale delle nostre emozioni.

Questo è il motivo per cui la consapevolezza dei nostri processi di flusso emotivo non è considerata dal pensiero comune come un valore positivo, e perché le persone all'interno della cultura del consumo non insegnano ai loro figli a diventare partner sessuali competenti, come avviene nelle società tribali sane e naturali. Invece, la nostra realtà all'interno del sistema ipocrita attuale è che la maggior parte di noi ha imparato a conoscere la sessualità in un'atmosfera di segretezza, pervasa da uno schema di sovrapposizione di smarrimento, senso di colpa e paura.

FINTA ETEROSESSUALITÀ

Il nostro comportamento sessuale è in gran parte il risultato di un *condizionamento sociale;* questo fatto è stato riscontrato sia dalla ricerca sessuologica che antropologica; ma quello che voglio dire è che questo condizionamento non ci sta trasformando in automi sessuali.

La nostra sessualità, nonostante il condizionamento, rimane una cosa flessibile, commovente, soggetta a cambiamenti e a scelte consapevoli. Ho osservato che nella maggior parte dei casi i profondi cambiamenti nell'attrazione sessuale seguono i precedenti cambiamenti nelle nostre predilezioni emotive.

Come io stesso ho attraversato questo processo, e più volte negli ultimi trent'anni, so che non sto parlando di teoria. Nella mia vita ho vissuto praticamente tutte le possibili attrazioni sessuali per gli esseri umani. Non erano cumulative, ma una alla volta, e per un certo periodo, non solo per qualche anno, e mi hanno insegnato lezioni importanti, perché il livello di sentimento è diverso quando si ama una donna, o un uomo, e poi di nuovo diverso quando si ama un ragazzo, e di nuovo diverso quando si ama una bambina. La seconda ragione, che forse è più importante, è da ricercarsi nel condizionamento sessuale stesso.

Io distinguo tra la *vera eterosessualità* e la *finta eterosessualità*. La nostra è la finta eterosessualità, mentre l'eterosessualità della maggior parte delle popolazioni tribali è una vera eterosessualità. Qual è la differenza?

Ci sono due fattori: l'esperienza sessuale e il potere dell'anima. Nella cultura occidentale e ora anche globale del consumo, al bambino non è generalmente permesso di fare esperienza sessuale, e come in natura nulla può essere appreso senza farlo realmente, qui sta la ragione principale per cui il nostro condizionamento sessuale non è quello che indirizza e condiziona i bambini verso l'eterosessualità, ma verso l'omosessualità.

Per quanto riguarda il potere dell'anima, lo stesso vale, e infatti, una persona con esperienza sessuale è sempre anche una persona potente. Ma come risultato di una generale negazione del potere individuale e della spiritualità durante il patriarcato, noi affrontiamo nella nostra tradizionale educazione occidentale non solo una repressione delle emozioni, della sessualità e del piacere tattile, ma anche del potere dell'anima. Il bambino viene trattato come una razza speciale, affrontato in un linguaggio speciale, avvolto in un abbigliamento speciale, bagnato in vaschette speciali, dato cibo speciale da mangiare e giocattoli speciali con cui giocare, e messo in case speciali chiamate Kindergarten che suggeriscono che il bambino è una persona speciale che si suppone conduca una vita speciale.

Questa vita speciale è un *residuo*, non una vita completa. È una vita priva di molte esperienze essenziali che ogni adulto, ricco o povero, vive quotidianamente.

Manca il più essenziale nella vita del bambino moderno, cioè il piacere tattile e sessuale e la corrispondente codifica sociale che riconosce il diritto del bambino ad essere sessuale come manifestazione genuina della sua forza d'animo.

Va da sé che la sessualità non può essere costruita in modo naturale quando non è recitata. Ciò che si costruisce quando le energie sessuali sono trattenute è perversione. Questa intuizione è chiaramente stabilita e corroborata dalla psicoanalisi e dalla sessuologia, ma è anche una verità che un semplice essere umano onesto afferra intuitivamente.

Ciò che il patriarcato ha cercato di nascondere è il fatto che non è il potere ad essere distruttivo, ma l'impotenza, la repressione stessa del potere. Che questa semplice verità sia velata nella nostra cultura per gran parte della storia umana non è una sorpresa: fa parte di quello che Karl Marx ha chiamato l'*Überbau*: il trucco che usa la manipolazione psicologica, l'ipnosi di massa o le menzogne politiche per impedire alle masse di scoprire la semplice verità sulla struttura socio-economica di base della società.

Come lo è con la sessualità naturale, così lo è con il potere dell'anima. Non è il potere che è distruttivo, ma l'impotenza, il potere contrastato. Ogni essere umano che è consapevole del suo naturale potere dell'anima è amorevole e costruttivo. Il potere naturale è necessario biologicamente e socialmente per noi per difenderci, per marcare la nostra differenza o per costruire il coraggio di difendere le nostre preferenze. Come vuoi costruire la tua realtà personale, con tutto ciò che essa implica, senza questo minimo di coraggio? E per costruire il coraggio è necessaria una sensazione di potere! Quando ti senti completamente impotente, hai pochissimo coraggio e ogni giorno diventa un enigma con mille domande aperte. Devo fare questo? Dovrei impegnarmi in questo? Non è troppo pericoloso? Non mi farò del male quando mi batterò per il mio desiderio? Senza coraggio, senza correre rischi, non si può vivere. La vita, allora, diventa perversa e tu diventi un pervertito.

Cos'è un pervertito? Un pervertito è qualcuno che non ha alcun potere, che ha così poco coraggio per difendere i suoi valori che potrebbe lanciare una bomba in una chiesa o violentare un bambino in un bagno pubblico una volta ogni tanto per ottenere una spinta di potere. Quando si crede nelle pericolose menzogne di questa società, che sono principalmente prodotte dal suo moralismo ipocrita come difesa contro la vera e genuina moralità, si è fin dall'inizio perso il potere della propria anima, e la propria innocenza, e si è fin dall'inizio più perversi che per natura, e si è fin dall'inizio più pericolosi per qualsiasi comunità. La moralità sessuale compulsiva è perversa; è l'ultima perversione sociale! La sete distruttiva di potere non è costruita nel nostro naturale assetto emotivo, ma è il risultato della repressione della nostra naturale aggressività.

Cosa succede quando reprimiamo le sensazioni di calore, di fusione e di flusso che un corpo naturalmente autoregolato sperimenta? La vita si raffredda, le nostre emozioni si raffreddano, il nostro desiderio sessuale si raffredda, il nostro appetito si raffredda e di conseguenza la nostra umanità si raffredda. Poi sperimentiamo la fredda rigidità del controllo, e l'amore e la compassione si perdono lungo la strada. Questo desiderio di controllare la vita è un sottoprodotto dell'angoscia, la paura della nostra distruttività.

E qui sta esattamente il cerchio logico, l'errore fondamentale, perché questa distruttività *non fa parte del nostro assetto naturale*, ma è il risultato del nostro allontanamento da esso a causa della perversione culturalmente indotta della morale in un moralismo violento, falso e spregevole. Questa perversa trasmutazione del potere naturale in impotenza e controllo sadico può essere paragonata alla retrogradazione di un pianeta che conosciamo dall'astronomia e dall'astrologia.

Quando la rotazione di un pianeta si inverte, che è un evento naturale che accade nella vita di ogni pianeta, cambia anche l'energia del pianeta. L'astrologia presuppone che l'energia naturalmente positiva del pianeta diventi negativa finché dura la retrogradazione. Ciò che poi accade è che l'energia del pianeta è interiorizzata e può solo servire al nostro sviluppo interiore o personale, ma non al nostro progresso sociale o al nostro riconoscimento nella società.

Questa immagine dell'astrologia può essere generalmente applicata al funzionamento delle energie vitali. Per lo sviluppo positivo e sano di un bambino è necessario che lo slancio vitale, la bioenergia, sia in costante flusso e che non ristagni, come avviene ad esempio nel caso in cui la sessualità è proibita o vissuta solo in presenza di forti sensi di colpa.

Ciò che poi accade è un'inversione dell'energia, sia sessuale che sociale: il bambino, una volta eterosessuale, diventa omosessuale, il bambino originariamente socievole diventa solitario e il bambino felice e abile diventa un bambino ansioso, moroso e inetto.

Questo è spesso il risultato di essere punito per i giochi sessuali nella prima infanzia o a causa di divieti religiosi che provocano forti sensi di colpa e che possono bloccare gravemente l'ulteriore sviluppo psicosessuale del bambino. Il bambino comincia allora a pensare e a riflettere invece di agire con gioia e spontaneità e il potenziale creativo è più o meno compromesso.

Allo stesso tempo il bambino diventa *introverso* e si ritira sempre più dal naturale coinvolgimento sociale. Inoltre, va da sé che, se il tenore generale di una famiglia si basa sulla prudenza e sulla negazione del piacere, l'aumento delle parafilie sessuali nella prossima generazione è inevitabile.

Al contrario, nelle culture tribali dove i bambini possono vivere liberamente la loro sessualità con altri bambini e dove i bambini non sono fisicamente puniti, come per esempio nella cultura trobriandese della Papua Nuova Guinea, le perversioni sono praticamente inesistenti. In questa cultura matriarcale unica, i bambini dormono da circa tre anni in case speciali, dove i genitori non vedono di buon occhio l'ingresso, e fanno sesso promiscuo tra coetanei fin da piccoli. La maturità emotiva e sessuale del bambino si costruisce così attraverso il contatto diretto, l'iniziazione, il gioco sessuale ed eventualmente il rapporto sessuale con altri bambini come partner d'amore. I genitori si limitano a interferire nella vita notturna dei loro figli, e in generale sono molto permissivi riguardo ai bisogni e ai desideri emotivi e sessuali dei loro figli. I bambini, a Trobriand, sviluppano quindi un alto livello di *autonomia personale* molto presto nella vita.

Nella civiltà occidentale le cose sembrano molto diverse e questo da molte generazioni, in realtà da quando regna il patriarcato, mentre abbiamo informazioni che prima di allora i bambini godevano di una maggiore libertà sessuale.

Ancora nel Medioevo un bambino pubescente era considerato adulto; il matrimonio, per una ragazza, era a circa dodici anni e per un ragazzo a quattordici anni circa, che era allo stesso tempo l'età in cui un ragazzo terminava l'apprendistato con un maestro e apriva la propria bottega.

Così ancora nel Medioevo abbiamo una certa congruenza tra la maturità biologica e la maturità sociale, o tra l'età adulta sessuale e l'età adulta sociale.

CULTURA EDIPICA

E com'è oggi? *A trent'anni ancora in pannolini...*, sono incline a dire, un po' esagerando la situazione, ma credo che ci sia un granello di verità in questa affermazione. La cultura consumistica postmoderna di oggi si basa sul dramma edipico che coincide con il dramma del bambino prodigio, come lo ha espresso Alice Miller.

L'esperienza sessuale non viene acquisita ma rimandata; l'energia sessuale non viene scaricata ma trattenuta e repressa. La maturità sessuale è un'utopia sociale. Dopo la ricerca sessuale di Masters & Johnson, sappiamo di vivere in una cultura di storpi emotivi e sessuali, un'intuizione che già Wilhelm Reich aveva avuto e prima ancora di lui Charcot e Freud. E da allora non è cambiato molto. Di chi è la colpa?

Incolpare la psicoanalisi o Freud è come punire il messaggero per il messaggio che porta. Freud ha solo analizzato e descritto ciò che è insito nella nostra cultura, e va da sé che il *Complesso di Edipo* è un frutto della repressione sessuale e completamente sconosciuto all'interno della cultura trobriandese sessualmente liberale, e di culture simili.

Freud lo sapeva e sapeva che Reich aveva ragione con il suo concetto di *economia del sesso (sex economy)* e la sua ricerca dell'orgasmo, ma la sua risposta è che 'la cultura doveva prevalere.' Questa era la risposta letterale di Freud a Reich.

Dobbiamo chiederci oggi quale cultura Freud ha implicato nella sua risposta a Reich? È una cultura che mutila la natura, e che massacra il bisogno naturale del bambino di un'infanzia ricca di emozioni e sessualità?

Quando confrontiamo la cultura trobriandese e molte altre culture tribali come quella dei *Muria* nell'India meridionale, non possiamo negare che seguire la natura è la via migliore e produce i migliori risultati.

Cosa possiamo offrire ai trobridiani come società, come cultura, se non un brodo quotidiano di criminalità caotica, violenza, divorzi, suicidi, depressione e statistiche sul cancro? Cosa possiamo dire della felicità perduta?

—Si veda Jean Liedloff, The Continuum Concept (1977/1986).

Sacrificare la natura sotto un sistema sociale che chiamiamo arrogantemente *cultura* è veramente folle. Una vera cultura è ovviamente una cultura costruita secondo le leggi della natura, e non contro di esse. Quando vogliamo penetrare più a fondo in questo problema, dobbiamo guardare ancora più attentamente a come i bambini vengono cresciuti nella nostra cultura. Ne parlo non perché sia il mio argomento di ricerca preferito, ma perché si trova la chiave della porta della libertà solo quando si vede come si è diventati ciò che si è. Se non fosse che avete avuto genitori eccezionalmente permissivi e siete cresciuti in una casa molto affettuosa, e avete potuto vivere i vostri desideri e desideri emotivi e sessuali e i vostri desideri all'inizio dell'infanzia, avete sofferto, siete stati fatti soffrire, e questo, a peggiorare le cose, in nome del vostro meglio.

Se siete cresciuti come la stragrande maggioranza dei bambini della nostra cultura, vi è stato negato di realizzare i vostri desideri sessuali e avete accettato l'accordo stranamente perverso che vi hanno offerto di rinunciare alla sessualità naturale con i coetanei, e di essere una 'brava ragazza' o un 'bravo ragazzo' per il vostro genitore del sesso opposto. Di conseguenza, non avendo altra scelta, psicosessualmente siete diventati sempre più *gerontofili*, diventando una specie di partner surrogato per il vostro genitore dell'altro sesso.

Questo significa, in pratica, che da ragazzo dovevi innamorarti di tua madre, e da ragazza, innamorarti di tuo padre, e non solo platonicamente! Dovevi desiderare sessualmente il tuo genitore del sesso opposto e competere con il tuo genitore dello stesso sesso per essere un partner migliore. Se non ti giravi con il vento e rimanevi distaccata dal gioco sociale chiamato *Complesso di Edipo,* eri etichettata come un bambino schizofrenico, e sei stata messa in un istituto. Se invece hai esagerato e hai avuto rapporti sessuali con il tuo genitore del sesso opposto, sei stato definito un bambino sovrinteso, e sei stato messo in un istituto, e il tuo genitore in prigione.

E quindi, qualsiasi cosa tu abbia fatto, alla fine, doveva andare male. E se facevi come dovevi, e ti innamoravi del tuo genitore del sesso opposto e allo stesso tempo reprimi questo desiderio, non venivi messo in un istituto, ma invariabilmente ti danneggiavi, e diventavi un bambino timido, distaccato, impotente, maniaco dell'autorità, condizionato, malato e dipendente, con una sola parola: un moderno *bambino consumatore.*

Permettetemi di entrare ancora più nel dettaglio, spiegando come la psicologia infantile tradizionale e la pediatria definiscono e spiegano lo sviluppo psicosessuale del bambino nella nostra cultura. Prima di tutto, vediamo come questi professionisti definiscono quella che chiamano sessualità infantile. La prima cosa da notare nella loro retorica è che, mentre in tutti gli altri settori della vita si concorda sul fatto che si impara qualcosa di meglio quando lo si fa, e lo si fa ripetutamente e accuratamente, questa verità viene messa sottosopra quando si parla di sessualità infantile. I professionisti ritengono che un bambino diventi individualmente corrotto e socialmente inetto quando fa sesso con i suoi coetanei durante l'infanzia. Al contrario, è considerato sano se il bambino concentra la sua libido sui genitori e sviluppa desideri incestuosi. Questi desideri, quindi, vengono interpretati dallo psicologo infantile come segni delle dinamiche psicosessuali del bambino, mentre allo stesso tempo si fa di tutto per evitare che la fantasia venga messa in atto, quindi il bambino deve rimanere con i suoi desideri senza tuttavia avere la possibilità di metterli in atto.

In una parola, tutta la crescita psicosessuale nella nostra società è un *gioco di fantasia,* è vissuta solo in una dimensione fantastica, e non nella vita reale. Inoltre, mi sembra che questa teoria non si basi su una scarica naturale dell'energia sessuale del bambino, ma sul suo accumulo. L'accumulo di energia, tuttavia, porta invariabilmente a uno squilibrio nell'assetto bioenergetico e comporta vari problemi di sviluppo. Per questo motivo alcuni terapisti dell'infanzia illuminati come *Françoise Dolto (1908-1988)* in Francia, pur concordando in generale con la posizione della nostra società di proibire l'attività sessuale infantile, hanno ammesso che il *Complesso di Edipo,* in quanto parte del paradigma di educazione infantile della nostra cultura, genera un reale pericolo di incesto e quindi dovrebbe essere corretto in qualche modo.

Quando, nel lontano 1986, ho interrogato Madame Dolto su questo punto con l'idea che forse alcune forme di interazione sessuale dovrebbero essere consentite socialmente tra i bambini e altri adulti che non siano i loro genitori, lei era generalmente favorevole a tale idea e disse che questi adulti, preferibilmente educatori del bambino, avrebbero potuto tranquillamente sopportare la carica incestuosa che il bambino avrebbe proiettato su di loro.

Tuttavia, ha ritenuto che, mentre le coccole e il sesso di fantasia in un ambiente simile al gioco erano buoni e salutari in una tale situazione, una reale interazione sessuale tra gli educatori e i bambini di cui si prendevano cura non poteva essere permessa né psicologicamente né socialmente per il meglio del bambino. Alla mia risposta che, allora, il bambino in ultima istanza nella nostra cultura pagava il conto per il mantenimento di un paradigma di moralità sessuale compulsiva che appartiene al passato, lei accettò e aggiunse tristemente che questa era la nostra eredità culturale e che lei, come psicoanalista, non aveva il compito di scatenare una 'rivoluzione culturale,' e che questa sarebbe stata una questione su cui i politici e i parlamenti avrebbero dovuto decidere.

Quindi, il sesso infantile è chiaramente una *questione di politica sociale* e non di psicologia e ancor meno di sessuologia! Che noi tutti siamo stati più o meno tutti mutilati nella nostra struttura psicosessuale attraverso il duro divieto di vivere la nostra sessualità infantile in modo sano in una cultura anti-vita è quindi qualcosa che non è più nemmeno nascosto, ma apertamente ammesso dai professionisti della psicologia infantile di alto livello.

A parte la logica astrusa e la perversione di un tale paradigma di educazione infantile, che sacrifica in realtà gli anni migliori del bambino per mantenere una cultura che consuma la vita, le statistiche parlano un linguaggio chiaro. Con i trobridiani, il tasso di divorzio è di circa il quattro per cento, in alcune regioni della nostra società occidentale è in crescita oltre il settantacinque per cento. Con le Trobriand la sessualità è sana e quasi totalmente priva di perversioni sessuali, e i crimini violenti sono praticamente inesistenti. Nelle nostre società, più di un terzo della popolazione è in continuo trattamento psicoterapeutico a causa di disturbi emotivi e sessuali, frenetici cambi di partner, frigidità, narcisismo o impotenza o problemi corrispondenti all'interno della coppia.

Inoltre, i problemi di erectilità con i maschi e le fissazioni sadomasochistiche aumentano costantemente con entrambi i sessi. I titoli più recenti sono fatti da donne che confessano la necessità di essere violentate per avere un orgasmo durante il rapporto sessuale.

Il bambino viene sacrificato come capro espiatorio affinché la società possa mantenere la sua rete moralistica di menzogne e i cosiddetti assunti o credenze religiose.

Ogni singolo bambino che è costretto ad abnegare la propria sessualità durante l'infanzia e la gioventù paga il prezzo delle disfunzioni emotive e sessuali per tutta la vita! Questo avviene attraverso un processo che Freud chiamava *identificazione*, e attraverso l'ipnosi sociale e il condizionamento precoce del bambino con giocattoli fabbricati industrialmente. Questi giocattoli, non avendo una qualità associativa naturale con il corpo umano, alienano gradualmente i bambini dal loro corpo.

Per quanto riguarda l'identificazione, la retorica della psicologia infantile è che è naturale per un ragazzo voler diventare come suo padre e per una ragazza come sua madre. La verità è naturalmente che in fondo alla strada vogliamo diventare noi stessi e non soldati di latta modellati e clonati come i nostri genitori.

Ma questo fatto è ovviamente occulto perché non è politicamente corretto farlo emergere in una cultura dell'imitazione e della manipolazione industriale in cui l'individuo è legittimo solo nella sua veste di consumatore, e non nella sua autonomia di pensatore e di autoreferenziere. La prima identificazione si chiama *omosessuale*: il bambino si identifica con il genitore dello stesso sesso, nella cosiddetta fase anale. Segue l'identificazione *eterosessuale* con il genitore del sesso opposto, durante la fase genitale, e qui Freud ha parlato della cosiddetta fase edipica o *Complesso di Edipo*.

Quindi, se ci pensiamo bene fino alla fine, siamo potenzialmente tutti omosessuali perché la nostra società nega la sessualità infantile! Questa omosessualità latente nella nostra cultura è il risultato di una *manipolazione psicosessuale* fin dalla prima infanzia, e non una componente naturale del desiderio sessuale. E questa omosessualità diventa reale, più che reale, quando siamo bloccati nella rete edipica!

Non è una sorpresa che le maggiori organizzazioni omosessuali si trovino negli Stati Uniti, che sono il paese in cui la repressione della sessualità naturale del bambino è stata la più dura dai tempi dell'Inquisizione. Questo dovrebbe essere un campanello d'allarme per tutti voi che credete ancora che le cose vadano più o meno bene nella cultura del consumo, e che possiamo andare avanti se solo facciamo sorgere nuove leggi ogni mese, di nuove campagne anti-bambino ogni anno e di nuove leggi anti-pornografia ogni decennio. No, non possiamo ingannare la natura senza provocare niente di meno che una catastrofe sociopolitica e un disastro ecopolitico.

Non è la natura a sbagliare, ma il modo in cui abbiamo gestito la natura negli ultimi mille anni di noioso e stupido patriarcato, il modo in cui abbiamo distorto la natura, volendo essere più intelligenti del suo creatore! Che arroganza!

Il Dogma Culturale del Sesso Infantile

Le nostre leggi sul sesso sono fatte per proteggere il pregiudizio culturale e la scelta che nega ai bambini le loro libere emozioni e la loro sessualità. Queste leggi, oggi più che mai, sono applicate senza pietà e senza guardare più in profondità il danno umano che viene fatto quando le questioni sensibili sono gestite da persone insensibili. Le leggi sul sesso e la loro applicazione non portano soluzioni, ma in realtà peggiorano le cose; tendiamo a pensare che tutto sia in buone mani quando lo affidiamo alle cure della nostra polizia, che sono persone che hanno dimostrato di provenire spesso da ambienti violenti, e che per la maggior parte non hanno mai ricevuto un'educazione alla vera sensualità, all'empatia e all'intelligenza. Lasciare che la polizia regoli i nostri amori e le nostre simpatie è davvero un suicidio per ogni società democratica, ed è incredibile che questa verità non sembri mai entrare nella testa dei nostri leader politici, il che dimostra, più di ogni altra cosa, il loro livello residuo di intelligenza. Invece continuiamo a ritenere che sia giusto che i bambini siano fin dalla nascita psicosessualmente distorti e fantasiosamente accoppiati con i loro genitori in un incubo incestuoso di dimensioni gigantesche!

Qualcosa deve essere sbagliato qui, sbagliato fin dall'inizio. Abbiamo creato lo scenario dell'incesto definitivo e lo abbiamo stabilito come un credo culturale, affermando allo stesso tempo che l'incesto è considerato immorale e abietto. Ma che questo incesto sia agito sessualmente non ha alcuna importanza! Il condizionamento sociale si realizza proprio *perché questo incesto è immaginario* e la sua recitazione è repressa, e il danno fatto alla psiche del bambino non deriva né dal sesso naturale né dal sesso incesto, ma dalla contraddizione di *creare un desiderio e allo stesso tempo di proibirne la realizzazione* perché si tratta di un comportamento schizoide. E non possiamo crescere bambini mentalmente sani con formule schizoidi. È impossibile.

Quello che abbiamo creato è un abuso emotivo e questa è comunque la forma veramente distruttiva dell'incesto; è distruttivo perché agisce in contrasto con la naturale ricerca di autonomia del bambino, e perché è santificato dal principio dell'autorità patriarcale e dal consumo ossessivo!

La cosiddetta fase edipica dello sviluppo psicosessuale del bambino, che avviene generalmente tra il quinto e il settimo anno di vita, si propone di eterosessualizzare la sessualità originariamente omoerotica del bambino attraverso l'attrazione psicosessuale verso il genitore del sesso opposto.

Questo è il modo in cui viene esposto nella teoria. Se funziona così nella vita reale è un'altra questione. In questo sistema l'eterosessualità si realizza solo se il bambino ha *superato con successo entrambe le identificazioni*, perché solo in questo caso il bambino può gradualmente porre fine alla simbiosi psichica con la matrice e costruire realmente una struttura di carattere individuale.

È ovvio che il nostro concetto culturale di eterosessualità si basa in realtà su un atroce malinteso e una manipolazione della natura; è per questo motivo che questa eterosessualità artificiale è piuttosto fragile. L'eterosessualità naturale è qualcosa di completamente diverso! È un'eterosessualità che qualificherei come *evolutiva* piuttosto che normativa.

Essa si realizza attraverso una profonda amicizia affettuosa, l'amore e il naturale rapporto promiscuo con i partner dell'altro sesso, e questo soprattutto durante la prima infanzia, e di nuovo più tardi durante l'adolescenza.

Il nostro concetto occidentale di 'eterosessualità' è fondamentalmente schizoide. Si basa sul *condizionamento omosessuale e gerontofilo* precoce del bambino che, a peggiorare la situazione, viene imposto al bambino, dichiarando questa manipolazione perversa con arroganza il normale sviluppo psicosessuale del bambino. Una volta ne ho parlato con un bambino e lui ha capito subito e mi ha risposto:

> Lo so, ma non collaborerò. Lasciateli venire! Non voglio fare il loro gioco perverso. Sicuramente amano i cani più dei bambini! E quando amano i bambini, ci amano solo come acchiappafulmini. Perché non riescono nemmeno ad andare d'accordo tra di loro, tra adulti, e quando vanno fuori di testa, siamo noi, i bambini, a prenderci le botte, invariabilmente!

Una volta che cominciamo a comprendere la vita come una sequenza dinamica di processi e un esito di probabilità, non possiamo che affermare che è più probabile che un bambino rimanga bloccato nell'Edipo piuttosto che liquidarlo. Per esempio, è quasi impossibile per un bambino liquidare il suo Edipo quando il genitore del sesso opposto è morto, assente o inaccettabile come modello. Ed è un fatto sociale che il numero di famiglie monoparentali aumenta ogni anno, soprattutto nelle grandi aree urbane di tutto il mondo.

Una conseguenza di questo fatto è che lo sviluppo psicosessuale del bambino diventa sempre più distorto, se non perverso. Un padre che manca è un padre che manca, fai quello che vuoi e poiché la società si oppone violentemente alla possibilità che coppie senza figli o vicini di casa assumano il ruolo di padre per i figli che amano, molti bambini oggi sono lasciati con un notevole vuoto emotivo e tattile che la società non è assolutamente in grado di colmare. E se la madre cerca di sostituire il padre, le cose peggiorano ulteriormente.

Una madre così nevrotica diventa allora una stronza sadica e fallica che castra e rende i suoi figli ancora più handicappati. Quello che generalmente accade in questa costellazione è che l'energia sessuale nel bambino si inverte: comincia ad essere orientata verso l'interno invece che naturalmente verso l'esterno; sposta la sua rotazione, per così dire, e si retrograda. La conseguenza è che il bambino si ritira, e diventa timido, ansioso, dipendente, aggrappato, passivo e assetato di autorità, o al contrario meschino, volgare e ribelle. Se non ci sono altri fattori che agiscono contro l'inversione della bioenergia, il bambino diventa *omosessuale*.

Questo è allora, l'affare logico che fa parte del sistema. Per il bambino che non è stato in grado di eseguire il salto maestro nella falsa eterosessualità che è stata la ricompensa per la liquidazione dell'Edipo, rimane così sul piano anal-sadico dello sviluppo psicosessuale.

Lo Stupro vs. l'abbraccio Affettuoso

E a questo livello anal-sadico si trovano la maggior parte delle persone nella nostra cultura, in quanto pochissimi hanno veramente liquidato il loro Edipo e sono andati oltre l'identificazione omosessuale e verso la piena genitalità.

Ogni praticante bioenergetico confermerà l'affermazione di Reich che la nostra cultura è quella degli storpi sessuali! La vera genitalità esiste solo in minima percentuale, mentre sulle isole Trobriand e in altre culture tribali permissive è la maggioranza!

Quando il bambino rimane bloccato nell'Edipo o, in altre parole, rimane fissato a livello di identificazione omosessuale, quello che succede è che la fusione con la matrice si riattiva come una sorta di *fusione secondaria*, per poi perpetuarsi nell'adolescenza dove è alimentata da una maggiore energia sessuale. Allo stesso tempo, le emozioni non sessuali, come la rabbia e i sentimenti di vendetta contro i genitori e la società, si riscaldano e si legano alla carica sessuale. È così che si creano le pulsioni violente dello stupro!

Inoltre, l'energia sessuale negativa retrograda attrae energia emotiva altrettanto negativa dall'ambiente sociale, dai coetanei e dai gruppi, il che spiega il fatto di quella che chiamiamo 'rivolta adolescenziale.' Il mio punto qui è che questa rivolta non è affatto una necessità naturale o di sviluppo, ma al contrario una rivolta contro la sordida repressione sadica del desiderio sessuale naturale del bambino durante il primo decennio di vita del bambino! E inoltre, questa rivolta è l'inizio degli impulsi violenti di stupro che caratterizzano l'homo normalis nella cosiddetta cultura civilizzata. Questi impulsi, per la maggior parte, sono attuati con prostitute o bambini prostituti, altrimenti, come la maggior parte dei rapporti mostrano, segretamente con i bambini della famiglia allargata, o con i dipendenti o i loro figli, o comunque con persone che sono socialmente in una posizione inferiore a quella di se stessi in modo da avere limitate possibilità di ribellarsi contro la dominazione sessuale violenta.

Quello che voglio dire è che tutto questo fa parte del sistema in una società che nega il sesso tra bambini e ragazzi e quindi non c'è nulla da scandalizzare. I nostri scandali sessuali quotidiani sono prove fittizie perché la violenza sessuale è una parte necessaria in un sistema che si occupa erroneamente delle energie sessuali. Questa è la ragione per cui emozioni negative come rabbia e sentimenti di vendetta caricheranno l'impulso sessuale in un modo che è distruttivo, perché questo impulso perverso è violento e sfida ogni restrizione. La moralità sessuale obbligatoria, in questo contesto, non può in alcun modo reindirizzare le energie sessuali sbagliate sulla giusta via, ma al contrario serve come un potente velo sociale per rendere ancora più efficace e socialmente dilagante l'abuso sessuale segreto sui bambini e sulle donne! In ultima istanza, ogni bambino rapito, violentato selvaggiamente o ucciso paga il prezzo dell'incapacità della società di integrare le *pedoemozioni* naturali nel suo mix sociale.

Non parlo di stupri legali o rapporti sessuali legalmente considerati come stupri perché fatti con un bambino, ma di forme sadiche e violente di stupro in cui il bambino è consapevolmente vittima, abusato e maltrattato per il gusto di abusare, e non copulato come partner in un gioco di accoppiamento.

Questa forma di stupro va di solito di pari passo con la violenza sui bambini e il bambino viene lasciato in uno stato di salute critico, con lividi più o meno importanti, in uno stato di trauma o completamente incosciente, e sanguinante, che necessita di un trattamento d'urgenza per riprendersi dall'aggressione.

Queste emozioni negative sono così virulente perché al bambino viene negata la copulazione naturale con i coetanei e costretto all'eterna fusione con la madre, il che crea un immenso potenziale di rabbia che gradualmente diventa parte dell'eccitazione sessuale durante l'adolescenza, e così forte che in casi estremi l'eccitazione sessuale non è possibile senza abreagire una parte delle emozioni non sessuali attraverso il pestaggio, l'umiliazione, il ferimento e l'ablazione del partner sessuale come barbaro preliminare al rapporto sessuale.

Il sadico in genere ha bisogno che il suo partner sessuale pianga e lotti prima di riuscire a raggiungere l'orgasmo, e la spinta principale per l'orgasmo deriva non dalle naturali sensazioni di fusione a caldo e dal tenero attrito, ma dalla sopraffazione finale di una preda in un violento atto sessuale da predatore che in qualche modo mette in scena uno scenario di omicidio senza omicidio. Così, il carattere del coito è tutt'altro che tenero e graduale ma piuttosto frettoloso e brutale, incentrato sull'autogratificazione, e spesso sessualmente inetto, il che è una delle ragioni dell'alta incidenza di genitali e ani lacerati, mentre alcuni ricercatori del sesso oggi affermano chiaramente che la penetrazione tenera e il coito sono possibili per gli adulti anche con bambini piccoli, a condizione che tutto avvenga come un processo di adattamento graduale, e quando si prendono ampie precauzioni e si cura la lubrificazione, così come l'informazione e l'addestramento dato al bambino come preparazione amorevole all'iniziazione sessuale.

RIVOLGERSI ALL'ALTRA VITTIMA

Quest'ultimo sottocapitolo si rivolge direttamente ai sadici sessuali. Per questo motivo potrebbe non essere interessante per il lettore generale a prima vista; tuttavia, se si pensa di essere completamente liberi dal sadismo sessuale, probabilmente si sbaglia; stiamo parlando qui, come ho ampiamente sottolineato in precedenza, di una *perversione culturale*, e non abbiamo quindi bisogno di affrontare le nostre storie di vita individuali. Il sadismo è spesso nascosto, non dimenticatelo, e quanto più in alto pensate di essere al di sopra di esso, tanto più ne siete effettivamente coinvolti! Oltre a questo, queste righe sono di interesse per il lettore generale, e penso anche per le forze dell'ordine, e per le persone che operano nel campo dell'istruzione e delle professioni sanitarie, perché sto dando qui di fatto una *tabella di marcia per sviluppare una terapia praticabile ed efficace* per i sadici sessuali, e questa terapia, come la maggior parte dei professionisti concordano, non è stata ancora trovata.

Il modo per guarire il sadismo è quello di creare un'abbondante sensualità. Sadismo e sensualità si escludono a vicenda. Più siamo privati della vera sensualità, più tendiamo a sviluppare tratti sadici; allo stesso modo, più reindirizziamo il nostro comportamento nel sentire e nel sentire di più, e creiamo attivamente più sensualità nella nostra vita, più ci allontaniamo dal sadismo e torniamo a dare e prendere in modo naturale e piacevole.

O per dirlo senza mezzi termini, se hai bisogno di violentare i bambini, hai solo bisogno di *stare vicino ai bambini*. Ciò che si desidera veramente è la compagnia dei bambini, e niente di sessuale in primo luogo. Ed è proprio perché la società rende oggi così difficile per i maschi adulti stare in mezzo ai bambini, giocare con loro, abbracciarli e ac-carezzarli, accarezzarli e coccolarli che vengono fuori gli impulsi dello stupro. Questi impulsi di stupro in realtà non sono altro che grida di aiuto. Dicono:

—*Aiutami a stare di più con i bambini. Non posso più vivere così. Questa solitudine mi uccide. Sono disperata. Ho bisogno di comunicare con i bambini.*

Nel nostro subconscio, questo 'comunicare con i bambini' è inteso direttamente e fisicamente come un contatto con il loro corpo. È così facile, ed è una confusione linguistica. Lo studio dell'ipnosi me l'ha rivelato, come difficilmente troverete quest'idea in un libro.

Allontanarsi dallo stupro e dal sadismo significa due cose, correggere il proprio vocabolario e mettere parole sul proprio desiderio per guarire la confusione linguistica, e secondo creare una sensualità davvero abbondante. Si può diventare più sensuali con il proprio corpo all'inizio, essendo amorevoli con il proprio corpo quando ci si masturba e non maleducati e duri, poi si può cercare di trovare dei bambini all'interno della propria cerchia di amici che si possono coccolare e massaggiare di tanto in tanto, o chiedere loro di massaggiarti. Questo può essere fatto in presenza dei genitori del bambino e se questi non si fidano di voi, o perché sanno che avete desideri pedofili, o solo per l'ansia generale, potete anche insistere che siano presenti quando vi coccolate con il bambino o gli fate un massaggio. Questa trasparenza li aiuterà ad abbassare gradualmente le loro paure e a costruire la fiducia con voi. E se vedete che fare *bodywork* con i bambini vi piace molto, potete cercare una carriera professionale in questo campo.

Dopo tutto, la nostra educazione moralistica ci ha preparato bene a diventare mostri sessuali, e il fatto che la maggior parte di noi non si comporti realmente come criminali sessuali dimostra che siamo in qualche modo più forti degli sciocchi condizionamenti che abbiamo ricevuto e che dobbiamo disfarci il più possibile se vogliamo sentire e sentire abbondantemente nelle relazioni. La maggior parte di noi non violenta quasi mai i bambini, figuriamoci ucciderli, il che dimostra che agiamo in modo abbastanza efficace contro il condizionamento perverso che abbiamo ricevuto. La regola qui può essere: la natura è più forte del condizionamento! E la natura è amore, e non abusare e ferire gli altri.

Ma comunque, la soluzione giusta ed efficace in questo caso sarebbe un *cambiamento totale nella nostra educazione* dei bambini piccoli e la creazione di un'educazione pacifica, permissiva e tollerante che rispetti l'amore naturale e le esigenze emotive del bambino!

Da adulti riconosciamo il nostro bisogno e il nostro diritto alla tenerezza, all'amore, al piacere sensuale e alla gratificazione sessuale, quindi perché non concediamo questo stesso diritto ai nostri figli? Il bambino deve essere libero di mostrare i suoi sentimenti emotivi e sessuali in quanto adulto, perché non è una questione di età, ma di essere umano! Un essere umano ha bisogno di amare e di copulare, perché questo fa parte della nostra condizione umana. Questa non è solo una ricerca psicologica, ma una eminente ricerca politica, nel senso che la pace nel mondo è impossibile senza un cambiamento fondamentale che porti ad un cambiamento radicale *dal moralismo verso l'amore*. La rabbia cieca e impotente che nasce dalla mancanza di autonomia è spiegabile come un trauma infantile primario, un sentimento che è sopravvissuto dalla prima infanzia all'età adulta; in realtà è la paura della morte perché in ogni essere in crescita c'è una forte volontà di autonomia!

È la volontà di attraversare il processo di crescita il più velocemente possibile per diventare alla fine come i procreatori! Se un bambino sente che la madre non vuole veramente che cresca, ma che rimanga un obbediente giocattolo di piacere e un burattino da baciare, e quindi un parziale oggetto della madre, il bambino si sente minacciato nella sua vita.

Questa paura della morte non è cosciente nel bambino, ma è molto presente nei bambini piccoli che crescono con madri narcisiste, e si manifesta come incubi, bagnazioni costanti a letto, il cosiddetto comportamento scorretto e l'ansia. Vivere, per un bambino, è sinonimo di crescita; quindi, quando non è permesso crescere, non è permesso neanche vivere! Il bambino conclude non a torto che alla fine della giornata la madre vuole che io sia morto perché la madre vuole che io torni nell'utero e diventi un feto indifeso.

Perché una madre si comporta così, potremmo chiederci? Perché lei stessa è rimasta infantile e invece di essere uno specchio per il suo bambino, si rispecchia solo narcisisticamente. Una madre strega che chiede al suo specchio di sapere se è 'la più bella del paese,' come nel famoso racconto dei Grimm, ha decisamente un problema di autostima e non ha rapporti sessuali con gli uomini. Se l'avesse fatto, riceverebbe dagli uomini un feedback abbondante sulla sua bellezza, fisica o non fisica, e sarebbe più sicura di sé e non si abbandonerebbe a dubbi distruttivi.

Una donna del genere non ispira molta compassione, vero? Ma immaginatela come una bambina che fa esattamente la stessa cosa, una bambina all'inizio della pubertà, che ha già ricevuto un bel po' di saluti dagli uomini e che sa che sta per diventare donna, e che è disperatamente curiosa di sapere come potrebbe essere l'amore fisico con un uomo. Non avrebbe una profonda compassione per una bambina così piccola, non deplorerebbe tristemente la sua solitudine e la sua mancanza di conoscenza dell'amore fisico?

Non ti uniresti alla mia rabbia nei confronti di quella strega di sua madre che l'ha privata della sensualità fin dalla prima infanzia e ha distrutto la sua funzione di piacere, e questo naturalmente per motivi egoistici, proprio come nel racconto dei Grimm, per aver fatto di lei una buona lavoratrice, una buona serva, una brava ragazza?

A mio parere, sia la madre strega che l'uomo, sono da biasimare, e non certo la ragazza, eppure è quest'ultimo il modo in cui le cose sono state gestite sotto il patriarcato da cinquemila anni. Il grande peccatore è sempre stato il bambino stuprato, e nessun altro, né i genitori né lo stupratore, né una società strutturalmente violenta che alla fine incita a rapire e a compiere brutali stupri di porci con i bambini come compensazione e vendetta per un amore consensuale proibito e non corrisposto con la dolce carne giovane che brucia per copulare. Le favole come *Little Red-Cap* non parlano di cose esotiche e stravaganti, ma di cose comuni, della vita quotidiana più di ogni altra cosa!

E i miei libri prendono la stessa posizione. Non parlo di fantasie remote né mi interessa produrre pornografia quando dico che non è per niente esoterico per un uomo cresciuto sessualmente represso e che è sempre stato un bravo ragazzo per sua madre e ancora vergine a vent'anni, voler rapire e violentare una bambina come sua ultima conquista virile. Sto parlando di realtà quotidiana, e non di desideri sessuali inusuali! Questa è un'eziologia che oggi appartiene alla pratica quotidiana di ogni gabinetto psicoterapeutico, comunque quando si ha a che fare con pazienti maschi.

Il problema diventa più complesso per il fatto che il paziente, da bambino, non poteva esprimere consapevolmente la sua rabbia perché proprio questa idea andava contro il bisogno del bambino di sopravvivere in un ambiente ostile. Poiché il bambino, soprattutto il più piccolo, è molto dipendente dai genitori, ci troviamo sempre di fronte a una forte negazione della realtà, che è la sfida ultima di ogni terapia che si occupa di desideri violenti di stupro, e ancor più di desideri di rapire e uccidere bambini.

Il problema non è la rabbia, ma il fatto che essa è stata repressa fin dalla prima infanzia e quindi agisce virulentemente a livello subconscio, come il *Minotauro*, un feroce drago che il re Minosse di Creta teneva prigioniero in una torre e che, proprio attraverso quella prigionia è diventato un sanguinario stupratore di bambini che divorava molte centinaia di bambini ogni tanto quando poteva fuggire dalla sua prigione. Il mito ci dice esattamente quello che vi racconto in questa guida: quando imprigionate il vostro drago, il vostro desiderio virulento, dovete essere consapevoli che un giorno ne pagherete il prezzo, e sarà un prezzo alto, poiché commetterete l'uno o l'altro crimine capitale.

Solo l'amore può guarire i desideri sessuali violenti, e quindi l'amore deve essere promosso e vissuto! Quando si desidera violentare ragazzini o ragazzini, questo non significa altro che il fatto che si ha bisogno di stare vicino ai bambini, che si ha il desiderio e il talento di educare i bambini, e che si desidera anche avere dei figli propri, di essere padre e di indulgere veramente alla genitorialità!

L'amore è un *processo alchemico* molto efficace. L'amore significa accettare il proprio desiderio incondizionatamente, per quanto violento e dirompente possa sembrare, e per quanto criminale agli occhi di una stupida maggioranza giudicante che non ha indizi per guarire la violenta aflizione sadica che comunque essi provocano non come un'eccezione, ma come una regola attraverso la loro completa distorsione e perversione della sessualità infantile naturale.

Dividere l'amore in amore erotico e non erotico in realtà lo distrugge. Tutti i mostri sessuali sono amanti molto inesperti. Non hanno nessuna o solo un minimo di conoscenza erotica e generalmente non considerano la conoscenza erotica come qualcosa di utile o importante nella vita.

Sono altamente giudicanti nella loro impostazione mentale generale e, a livello emotivo, piuttosto bloccati. Sono tutt'altro che permissivi. Probabilmente non sono d'accordo con le idee che porto avanti in questa guida e in tutte le mie pubblicazioni. Non considerano la sessualità infantile come qualcosa da permettere, ma piuttosto come qualcosa da proibire e da punire severamente. Fondamentalmente agiscono sulla falsariga del paradigma fascista tradizionale e hanno interiorizzato i valori sociali tradizionali, e non, come me, valori sociali alternativi. In genere non si presentano come pedofili, ma nella maggior parte dei casi appaiono come frequentatori di chiese troppo adattate e cittadini molto adattati. Con una sola parola, sono falsi in tutto e per tutto e questa falsità fa parte della loro abietta violenza da codardi.

Tutti i divieti dell'amore sono ugualmente divieti del sesso e non ci aiutano a far fronte alle nostre energie più virulente. Al contrario, favoriscono gli abusi sui bambini e le violenze segrete, domestiche, nascoste e vili, che agiscono dietro le quattro mura contro i socialmente più deboli e l'ultimo 'bravo ragazzo' o 'brava ragazza' che ha imparato ad essere obbediente anche attraverso il trattamento più violento, abietto e umiliante ricevuto, a condizione che questo trattamento sia stato inflitto da un membro della famiglia e non da un cosiddetto estraneo.

Inutile aggiungere che tutto questo favorisce solo abusi da perpetuare lungo la strada, perché l'ansia che i bambini devono affrontare in questo tipo di clima è controproducente per ogni forma di sana crescita verso l'autonomia e la potente fiducia in se stessi.

Una Possibile Nuova Politica Sociale

Sulla base di queste intuizioni dovremmo abbandonare una volta per tutte il tabù della sessualità infantile e anche il tabù dell'amore consenziente e del sesso tra bambini e adulti non imparentati in linea diretta.

Il motivo è che l'amore intergenerazionale al di fuori della famiglia è davvero una via d'uscita dalla fusione con la matrice e da tutti i problemi che crea. L'amore intergenerazionale ha un'importante funzione iniziatica per i bambini nella loro relazione sociale e rappresenta un modo accettabile e costruttivo per favorire l'autonomia del bambino in una società che è generalmente contro il bambino potente. Come tale, ha un'importante funzione regolatrice nella società moderna.

Per ottenere questo, dobbiamo porre fine all'ipocrisia sessuale e accettare i benefici che l'amore intergenerazionale fornirà nella nostra società. Inoltre, dobbiamo crescere i bambini in modo funzionale, sano e permissivo, in modo da favorire la loro sensualità, e dobbiamo scartare ogni forma di violenza educativa. Infine, dobbiamo porre fine agli ideali sessisti e crescere i bambini in modo integrato, un modo che preservi l'anima nei ragazzi e l'animus nelle ragazze perché questo assicurerà un fortunato equilibrio delle loro energie *yin-yang*.

L'attuale educazione tradizionale paralizza l'integrità emotiva e sessuale del bambino e crea un alto potenziale di ansia nelle nostre giovani generazioni. Ma con la paura non si può risolvere nessun problema e non si può creare un mondo amorevole. Peggio ancora, la paura ci separa dal nostro vero sé autentico e porta a un carattere autoritario, opportunista e debole, incline a ogni tipo di manipolazione e menzogna collettiva, in cui si creano costumi ideologici.

Se vogliamo sopravvivere come razza umana, dobbiamo realizzare nei nostri figli esattamente i tratti caratteriali opposti. Questo non è possibile senza aumentare la *consapevolezza emotiva* in noi stessi e in loro, che è per me l'ultimo passo sociopolitico necessario in ogni riforma presente o futura delle nostre leggi e dei nostri costumi sessuali. Il problema del potere e dell'abuso, visto in questa prospettiva, si rivela un problema secondario, in quanto il potere di sé del bambino cresciuto naturalmente è un sottoprodotto della sua autonomia. Il potere diventa un problema solo quando viene represso, quando viene ostacolato. Anche l'amore ha un potere, ma non è un potere che degrada, abassa e viola.

Quindi, il problema non è il potere, ma come lo gestiamo. L'abuso di potere, quindi, non è il risultato del potere, ma della *repressione del potere,* che crea depressione. L'alto tasso di depressione oggi nelle grandi civiltà ne è la testimonianza.

> —La depressione colpisce circa 19 milioni di americani, ovvero il 9,5% della popolazione in un dato periodo di un anno. Ad un certo punto della loro vita, dal 10 al 25% delle donne e dal 5% al 12% degli uomini diventeranno probabilmente clinicamente depressi. Si stima che il 70-75% di tutti gli americani possa soffrire di depressione cronica e ricorrente, senza tuttavia essere clinicamente depresso—semplicemente perché non ha mai consultato un medico. Inoltre, il suicidio è stato trovato essere un risultato importante della depressione. Le statistiche sui suicidi negli Stati Uniti mostrano che fino al 15% delle persone clinicamente depresse muore per suicidio.

Ciò dimostra che la maggior parte delle persone ha perso la propria sanità mentale emotiva e che hanno perso il loro naturale potere dell'anima, e stanno cercando di ottenere più poteri secondari sotto forma di status sociale, possedimenti materiali e dominio sugli altri.

Una volta capito questo, si capisce tutto. La vita stessa è potere. La natura è potente. Non può solo creare, ma anche distruggere la sua stessa creazione. Pensate solo a un terremoto!

Anche se in ultima analisi potremmo non essere in grado di controllare il potere della natura, possiamo influenzarla positivamente, come ci hanno insegnato i saggi di un tempo, gestendo il nostro potere umano in modo responsabile.

BIBLIOGRAFIA

ABRAMS, JEREMIAH (ED.)

RECLAIMING THE INNER CHILD
New York: Tarcher/Putnam, 1990

ALSTON, JOHN P. / TUCKER, FRANCIS

THE MYTH OF SEXUAL PERMISSIVENESS
The Journal of Sex Research, 9/1 (1973)

APPLETON, MATTHEW

A FREE RANGE CHILDHOOD
Self-Regulation at Summerhill School
Foundation for Educational Renewal, 2000

ARCAS, GÉRALD, DR

GUÉRIR LE CORPS PAR L'HYPNOSE ET L'AUTO-HYPNOSE
Paris: Sand, 1997

ARIÈS, PHILIPPE

L'ENFANT ET LA FAMILLE SOUS L'ANCIEN RÉGIME
Paris, Seuil, 1975

CENTURIES OF CHILDHOOD
New York: Vintage Books, 1962

GESCHICHTE DER KINDHEIT
Frankfurt/M: DTV, 1998

ARNTZ, WILLIAM & CHASSE, BETSY

WHAT THE BLEEP DO WE KNOW
20th Century Fox, 2005 (DVD)

DOWN THE RABBIT HOLE QUANTUM EDITION
20th Century Fox, 2006 (3 DVD Set)

RELATIONSHIPS AND LIFE CYCLES
Astrological Patterns of Personal Experience
Sebastopol, CA: CRCS Publications, 1993

ATLEE, TOM

THE TAO OF DEMOCRACY
Using Co-Intelligence to Create a World That Works for All
North Charleston, SC: Imprint Books / WorldWorks Press, 2003

BACHELARD, GASTON

THE POETICS OF REVERIE
Translated by Daniel Russell
Boston: Beacon Press, 1971

BAGGINS, DAVID SADOFSKY

DRUG HATE AND THE CORRUPTION OF AMERICAN JUSTICE
Santa Barbara: Praeger, 1998

BAGLEY, CHRISTOPHER

CHILD ABUSERS
Research and Treatment
New York: Universal Publishers, 2003

BALTER, MICHAEL

THE GODDESS AND THE BULL
Catalhoyuk, An Archaeological Journey
to the Dawn of Civilization
New York: Free Press, 2006

BANDLER, RICHARD

GET THE LIFE YOU WANT
The Secrets to Quick and Lasting Life Change
With Neuro-Linguistic Programming
Deerfield Beach, Fl: HCI, 2008

BARBAREE, HOWARD E. & MARSHALL, WILLIAM L. (EDS.)

THE JUVENILE SEX OFFENDER
Second Edition
New York: Guilford Press, 2008

BARRON, FRANK X., MONTUORI, ET AL. (EDS.)

CREATORS ON CREATING
Awakening and Cultivating the Imaginative Mind
(New Consciousness Reader)
New York: P. Tarcher/Putnam, 1997

BATESON, GREGORY

STEPS TO AN ECOLOGY OF MIND
Chicago: University of Chicago Press, 2000
Originally published in 1972

BENDER LAURETTA & BLAU, ABRAM

THE REACTION OF CHILDREN TO SEXUAL RELATIONS WITH ADULTS
American J. Orthopsychiatry 7 (1937), 500-518

BERNARD, FRITS

PAEDOPHILIA
A Factual Report
Amsterdam: Enclave, 1985

BERTALANFFY, LUDWIG VON

GENERAL SYSTEMS THEORY
Foundations, Development, Applications
New York: George Brazilier Publishing, 1976

BESANT, ANNIE

AN AUTOBIOGRAPHY
New Delhi: Penguin Books, 2005
Originally published in 1893

BETTELHEIM, BRUNO

A GOOD ENOUGH PARENT
New York: A. Knopf, 1987

THE USES OF ENCHANTMENT
New York: Vintage Books, 1989

BOHM, DAVID

WHOLENESS AND THE IMPLICATE ORDER
London: Routledge, 2002

THOUGHT AS A SYSTEM
London: Routledge, 1994

QUANTUM THEORY
London: Dover Publications, 1989

BOLDT, LAURENCE G.

ZEN AND THE ART OF MAKING A LIVING
A Practical Guide to Creative Career Design
New York: Penguin Arkana, 1993

HOW TO FIND THE WORK YOU LOVE
New York: Penguin Arkana, 1996

ZEN SOUP
Tasty Morsels of Zen Wisdom From Great Minds East & West
New York: Penguin Arkana, 1997

THE TAO OF ABUNDANCE
Eight Ancient Principles For Abundant Living
New York: Penguin Arkana, 1999

BORDEAUX-SZEKELY, EDMOND

TEACHING OF THE ESSENES FROM ENOCH TO THE DEAD
Sea Scrolls

Beekman Publishing, 1992

GOSPEL OF THE ESSENES
The Unknown Books of the Essenes
& Lost Scrolls of the Essene Brotherhood
Beekman Publishing, 1988

GOSPEL OF PEACE OF JESUS CHRIST
Beekman Publishing, 1994

GOSPEL OF PEACE, 2D VOL.
I B S International Publishers

BRANDEN, NATHANIEL

HOW TO RAISE YOUR SELF-ESTEEM
New York: Bantam, 1987

BRANT & TISZA

THE SEXUALLY MISUSED CHILD
American J. Orthopsychiatry, 47(1)(1977)

BULLOUGH & BULLOUGH (EDS.)

HUMAN SEXUALITY
An Encyclopedia
New York: Garland Publishing, 1994

SIN, SICKNESS AND SANITY
A History of Sexual Attitudes
New York: New American Library, 1977

BUXTON, RICHARD

THE COMPLETE WORLD OF GREEK MYTHOLOGY
London: Thames & Hudson, 2007

CAIN, CHELSEA & MOON UNIT ZAPPA

WILD CHILD
New York: Seal Press (Feminist Publishing), 1999

CALDERONE & RAMEY

TALKING WITH YOUR CHILD ABOUT SEX
New York: Random House, 1982

CAMPBELL, HERBERT JAMES

THE PLEASURE AREAS
London: Eyre Methuen Ltd., 1973

CAMPBELL, JACQUELINE C.

ASSESSING DANGEROUSNESS
Violence by Sexual Offenders, Batterers and Child
Abusers
New York: Sage Publications, 2004

CAMPBELL, JOSEPH

THE HERO WITH A THOUSAND FACES
Princeton: Princeton University Press, 1973
(Bollingen Series XVII)
London: Orion Books, 1999

OCCIDENTAL MYTHOLOGY
Princeton: Princeton University Press, 1973
(Bollingen Series XVII)
New York: Penguin Arkana, 1991

THE MASKS OF GOD
Oriental Mythology
New York: Penguin Arkana, 1992
Originally published 1962

THE POWER OF MYTH
With Bill Moyers
ed. by Sue Flowers
New York: Anchor Books, 1988

CAPACCHIONE, LUCIA

THE POWER OF YOUR OTHER HAND
North Hollywood, CA: Newcastle Publishing, 1988

CAPRA, BERNT AMADEUS

MINDWALK
A Film for Passionate Thinkers
Based Upon Fritjof Capra's The Turning Point
New York: Triton Pictures, 1990

CAPRA, FRITJOF

THE TURNING POINT
Science, Society And The Rising Culture
New York: Simon & Schuster, 1987
Original Author Copyright, 1982

THE TAO OF PHYSICS
An Exploration of the Parallels Between Modern
Physics and Eastern Mysticism
New York: Shambhala Publications, 2000
(New Edition) Originally published in 1975

THE WEB OF LIFE
A New Scientific Understanding of Living Systems
New York: Doubleday, 1997
Author Copyright 1996

THE HIDDEN CONNECTIONS
New York: Doubleday, 2002

STEERING BUSINESS TOWARD SUSTAINABILITY
New York: United Nations University Press, 1995

UNCOMMON WISDOM
Conversations with Remarkable People
New York: Bantam, 1989

THE SCIENCE OF LEONARDO
Inside the Mind of the Great Genius of the Renaissance
New York: Anchor Books, 2008
New York: Bantam Doubleday, 2007 (First Publishing)

CASTANEDA, CARLOS

THE TEACHINGS OF DON JUAN
A Yaqui Way of Knowledge
Washington: Square Press, 1985

JOURNEY TO IXTLAN
Washington: Square Press: 1991

TALES OF POWER
Washington: Square Press, 1991

THE SECOND RING OF POWER
Washington: Square Press, 1991

CLARKE-STEWARD, S., FRIEDMAN, S. & KOCH, J.

CHILD DEVELOPMENT, A TOPICAL APPROACH
London: John Wiley, 1986

CONSTANTINE, LARRY L.

CHILDREN & SEX
New Findings, New Perspectives
Larry L. Constantine & Floyd M. Martinson (Eds.)
Boston: Little, Brown & Company, 1981

TREASURES OF THE ISLAND
Children in Alternative Lifestyles
Beverly Hills: Sage Publications, 1976

WHERE ARE THE KIDS?
in: Libby & Whitehurst (ed.)
Marriage and Alternatives
Glenview: Scott Foresman, 1977

OPEN FAMILY
A Lifestyle for Kids and other People
26 FAMILY COORDINATOR 113-130 (1977)

COOK, M. & HOWELLS, K. (EDS.)

ADULT SEXUAL INTEREST IN CHILDREN
Academic Press, London, 1980

COVITZ, JOEL

EMOTIONAL CHILD ABUSE
The Family Curse
Boston: Sigo Press, 1986

CURRIER, RICHARD L.

JUVENILE SEXUALITY IN GLOBAL PERSPECTIVE
in : Children & Sex, New Findings, New Perspectives
Larry L. Constantine & Floyd M. Martinson (Eds.)
Boston: Little, Brown & Company, 1981

DE BONO, EDWARD

THE USE OF LATERAL THINKING
New York: Penguin, 1967

THE MECHANISM OF MIND
New York: Penguin, 1969

SUR/PETITION
London: HarperCollins, 1993

TACTICS
London: HarperCollins, 1993
First published in 1985

SERIOUS CREATIVITY
Using the Power of Lateral Thinking to Create New Ideas

London: HarperCollins, 1996

Delacour, Jean-Baptiste

Glimpses of the Beyond
New York: Bantam Dell, 1975

DeMause, Lloyd

The History of Childhood
New York, 1974

Foundations of Psychohistory
New York: Creative Roots, 1982

Diamond, Stephen A., May, Rollo

Anger, Madness, and the Daimonic
The Psychological Genesis of Violence, Evil and Creativity
New York: State University of New York Press, 1999

DiCarlo, Russell E. (Ed.)

Towards A New World View
Conversations at the Leading Edge
Erie, PA: Epic Publishing, 1996

Dolto, Françoise

La Cause des Enfants
Paris: Laffont, 1985

PSYCHANALYSE ET PÉDIATRIE
Paris: Seuil, 1971

SÉMINAIRE DE PSYCHANALYSE D'ENFANTS, 1
Paris: Seuil, 1982

SÉMINAIRE DE PSYCHANALYSE D'ENFANTS, 2
Paris: Seuil, 1985

SÉMINAIRE DE PSYCHANALYSE D'ENFANTS, 3
Paris: Seuil, 1988

L'ÉVANGILE AU RISQUE DE LA PSYCHANALYSE
Paris: Seuil, 1980

DÜRCKHEIM, KARLFRIED GRAF

HARA: THE VITAL CENTER OF MAN
Rochester: Inner Traditions, 2004

ZEN AND US
New York: Penguin Arkana 1991

THE CALL FOR THE MASTER
New York: Penguin Books, 1993

ABSOLUTE LIVING
The Otherworldly in the World and the Path to Maturity
New York: Penguin Arkana, 1992

THE WAY OF TRANSFORMATION
Daily Life as a Spiritual Exercise
London: Allen & Unwin, 1988

THE JAPANESE CULT OF TRANQUILITY
London: Rider, 1960

EDMUNDS, FRANCIS

AN INTRODUCTION TO ANTHROPOSOPHY
Rudolf Steiner's Worldview
London: Rudolf Steiner Press, 2005

EDWARDES, A.

THE JEWEL OF THE LOTUS
New York, 1959

EINSTEIN, ALBERT

THE WORLD AS I SEE IT
New York: Citadel Press, 1993

OUT OF MY LATER YEARS
New York: Outlet, 1993

IDEAS AND OPINIONS
New York: Bonanza Books, 1988

ALBERT EINSTEIN NOTEBOOK
London: Dover Publications, 1989

EISLER, RIANE

THE CHALICE AND THE BLADE
Our history, Our future
San Francisco: Harper & Row, 1995

SACRED PLEASURE: SEX, MYTH AND THE POLITICS OF THE BODY
New Paths to Power and Love
San Francisco: Harper & Row, 1996

THE PARTNERSHIP WAY
New Tools for Living and Learning
With David Loye
Brandon, VT: Holistic Education Press, 1998

ELWIN, V.

THE MURIA AND THEIR GHOTUL
Bombay: Oxford University Press, 1947

THE SECRET LIFE OF WATER
New York: Atria Books, 2005

ERICKSON, MILTON H.

MY VOICE WILL GO WITH YOU
The Teaching Tales of Milton H. Erickson
by Sidney Rosen (Ed.)
New York: Norton & Co., 1991

COMPLETE WORKS 1.0, CD-ROM
New York: Milton H. Erickson Foundation, 2001

ERIKSON, ERIK H.

CHILDHOOD AND SOCIETY
New York: Norton, 1993
First published in 1950

EVANS-WENTZ, WALTER YEELING

THE FAIRY FAITH IN CELTIC COUNTRIES
London: Frowde, 1911

Republished by Dover Publications
(Minneola, New York), 2002

FARSON, RICHARD

BIRTHRIGHTS
A Bill of Rights for Children
Macmillan, New York, 1974

FEINBERG, JOEL

HARMLESS WRONGDOING
The Moral Limits of the Criminal Law, Vol. 4
New York: Oxford University Press, 1990

FENSTERHALM, HERBERT

DON'T SAY YES WHEN YOU WANT TO SAY NO
With Jean Bear
New York: Dell, 1980

FINKELHOR, DAVID

SEXUALLY VICTIMIZED CHILDREN
New York: Free Press, 1981

FINKELSTEIN, HAIM N. (ED.)

THE COLLECTED WRITINGS OF SALVADOR DALI
Cambridge: Cambridge University Press, 1998

FORTUNE, MARY M.

SEXUAL VIOLENCE
New York: Pilgrim Press, 1994

FOSTER/FREED

A BILL OF RIGHTS FOR CHILDREN
6 FAMILY LAW QUARTERLY 343 (1972)

FOUCAULT, MICHEL

THE HISTORY OF SEXUALITY, VOL. I : THE WILL TO KNOWLEDGE
London: Penguin, 1998
First published in 1976

THE HISTORY OF SEXUALITY, VOL. II : THE USE OF PLEASURE
London: Penguin, 1998
First published in 1984

THE HISTORY OF SEXUALITY, VOL. III : THE CARE OF SELF
London: Penguin, 1998
First published in 1984

FREUD, SIGMUND

THREE ESSAYS ON THE THEORY OF SEXUALITY
in: The Standard Edition of the Complete Psychological
Works of Sigmund Freud
London: Hogarth Press, 1953-54
Vol. 7, pp. 130 ff
(first published in 1905)

THE INTERPRETATION OF DREAMS
New York: Avon, Reissue Edition, 1980
and in: The Standard Edition of the Complete Psychological
Works of Sigmund Freud , (24 Volumes) ed. by James Strachey
New York: W. W. Norton & Company, 1976

TOTEM AND TABOO
New York: Routledge, 1999
Originally published in 1913

FREUND, KURT

ASSESSMENT OF PEDOPHILIA
in: Cook, M. and Howells, K. (eds.)
Adult Sexual Interest in Children
Academic Press, London, 1980

FROMM, ERICH

THE ANATOMY OF HUMAN DESTRUCTIVENESS
New York: Owl Book, 1992
Originally published in 1973

ESCAPE FROM FREEDOM
New York: Owl Books, 1994
Originally published in 1941

TO HAVE OR TO BE
New York: Continuum International Publishing, 1996
Originally published in 1976

THE ART OF LOVING
New York: HarperPerennial, 2000
Originally published in 1956

GELDARD, RICHARD

REMEMBERING HERACLITUS
New York: Lindisfarne Books, 2000

GERBER, RICHARD

A PRACTICAL GUIDE TO VIBRATIONAL MEDICINE
Energy Healing and Spiritual Transformation
New York: Harper & Collins, 2001

GELLER, URI

THE MINDPOWER KIT
Includes Book, Audiotape, Quartz Crystal And Meditation Circle
New York: Penguin, 1996

GESELL, IZZY

PLAYING ALONG
37 Group Learning Activities Borrowed from Improvisational
Theater
Whole Person Associates, 1997

GHISELIN, BREWSTER (ED.)

THE CREATIVE PROCESS
Reflections on Invention in the Arts and Sciences
Berkeley: University of California Press, 1985
First published in 1952

GIBSON, IAN

THE SHAMEFUL LIFE OF SALVADOR DALI
New York: Norton, 1998

GIL, DAVID G.

SOCIETAL VIOLENCE AND VIOLENCE IN FAMILIES
in: David G. Gil, Child Abuse and Violence
New York: Ams Press, 1928

GIMBUTAS, MARIJA

THE LANGUAGE OF THE GODDESS
London: Thames & Hudson, 2001

GOLDENSTEIN, JOYCE

EINSTEIN: PHYSICIST AND GENIUS
(Great Minds of Science)
New York: Enslow Publishers, 1995

GOLDMAN, JONATHAN & GOLDMAN, ANDI

TANTRA OF SOUND
Frequencies of Healing
Charlottesville: Hampton Roads, 2005

HEALING SOUNDS
The Power of Harmonies
Rochester: Healing Arts Press, 2002

HEALING SOUNDS
Principles of Sound Healing

DVD, 90 min.
Sacred Mysteries, 2004

GOLDSTEIN, JEFFREY H.

AGGRESSION AND CRIMES OF VIOLENCE
New York, 1975

GOLEMAN, DANIEL

EMOTIONAL INTELLIGENCE
New York, Bantam Books, 1995

GORDON, ROSEMARY

PEDOPHILIA: NORMAL AND ABNORMAL
in: Kraemer, The Forbidden Love
London, 1976

GORDON WASSON, R.

THE ROAD TO ELEUSIS
Unveiling the Secret of the Mysteries
With Albert Hofmann, Huston Smith, Carl Ruck and Peter Webster
Berkeley, CA: North Atlantic Books, 2008

GOSWAMI, AMIT

THE SELF-AWARE UNIVERSE
How Consciousness Creates the Material World

New York: Tarcher/Putnam, 1995

GOTTLIEB, ADAM

PEYOTE AND OTHER PSYCHOACTIVE CACTI
Ronin Publishing, 2nd edition, 1997

GROF, STANISLAV

ANCIENT WISDOM AND MODERN SCIENCE
New York: State University of New York Press, 1984

BEYOND THE BRAIN
Birth, Death and Transcendence in Psychotherapy
New York: State University of New York, 1985

LSD: DOORWAY TO THE NUMINOUS
The Groundbreaking Psychedelic Research into Realms of the
Human Unconscious
Rochester: Park Street Press, 2009

REALMS OF THE HUMAN UNCONSCIOUS
Observations from LSD Research
New York: E.P. Dutton, 1976

THE COSMIC GAME
Explorations of the Frontiers of Human Consciousness
New York: State University of New York Press, 1998

THE HOLOTROPIC MIND
The Three Levels of Human Consciousness
With Hal Zina Bennett
New York: HarperCollins, 1993

WHEN THE IMPOSSIBLE HAPPENS
Adventures in Non-Ordinary Reality

Louisville, CO: Sounds True, 2005

HOUSTON, JEAN

THE POSSIBLE HUMAN
A Course in Enhancing Your Physical, Mental, and Creative Abilities
New York: Jeremy P. Tarcher/Putnam, 1982

HOWELLS, KEVIN

ADULT SEXUAL INTEREST IN CHILDREN
Considerations Relevant to Theories of Aetiology in:
Cook, M. and Howells, K. (eds.): Adult Sexual Interest in Children
Academic Press, London, 1980

HUNT, VALERIE

INFINITE MIND
Science of the Human Vibrations of Consciousness
Malibu, CA: Malibu Publishing, 2000

INNOCENTI DECLARATION

DECLARATION ON THE PROTECTION, PROMOTION AND SUPPORT OF BREASTFEEDING
http://www.innocenti15.net/inno.htm

JACKSON, NIGEL

THE RUNE MYSTERIES
With Silver RavenWolf

St. Paul, Minn.: Llewellyn Publications, 2000

JACKSON, STEVI

CHILDHOOD AND SEXUALITY
New York: Blackwell, 1982

JAFFE, HANS L.C.

PICASSO
New York: Abradale Press, 1996

JAMES, WILLIAM

WRITINGS 1902-1910
The Varieties of Religious Experience / Pragmatism / A Pluralistic
Universe / The Meaning of Truth / Some Problems of
Philosophy / Essays
New York: Library of America, 1988

JANOV, ARTHUR

PRIMAL MAN
The New Consciousness
New York: Crowell, 1975

JOHNSON, PAUL

A HISTORY OF THE JEWS
New York: Harper & Row, 1987

JOHNSTON & DEISHER

CONTEMPORARY COMMUNAL CHILD REARING: A FIRST ANALYSIS
52 PEDIATRICS 319 (1973)

JONES, W.H.S., LITT, D.

PLINY NATURAL HISTORY
Cambridge, Mass.: Harvard University Press, 1980

JUNG, CARL GUSTAV

ARCHETYPES OF THE COLLECTIVE UNCONSCIOUS
in: The Basic Writings of C.G. Jung
New York: The Modern Library, 1959, 358-407

COLLECTED WORKS
New York, 1959

ON THE NATURE OF THE PSYCHE
in: The Basic Writings of C.G. Jung
New York: The Modern Library, 1959, 47-133

PSYCHOLOGICAL TYPES
Collected Writings, Vol. 6
Princeton: Princeton University Press, 1971

PSYCHOLOGY AND RELIGION
in: The Basic Writings of C.G. Jung
New York: The Modern Library, 1959, 582-655

RELIGIOUS AND PSYCHOLOGICAL PROBLEMS OF ALCHEMY
in: The Basic Writings of C.G. Jung
New York: The Modern Library, 1959, 537-581

SYMBOL UND LIBIDO
Freiburg: Walter Verlag, 1987

THE BASIC WRITINGS OF C.G. JUNG
New York: The Modern Library, 1959

THE DEVELOPMENT OF PERSONALITY
Collected Writings, Vol. 17
Princeton: Princeton University Press, 1954

THE MEANING AND SIGNIFICANCE OF DREAMS
Boston: Sigo Press, 1991

THE MYTH OF THE DIVINE CHILD
in: Essays on A Science of Mythology
Princeton, N.J.: Princeton University Press Bollingen
Series XXII, 1969. (With Karl Kerenyi)

TWO ESSAYS ON ANALYTICAL PSYCHOLOGY
Collected Writings, Vol. 7
Princeton: Princeton University Press, 1972
First published by Routledge & Kegan Paul, Ltd., 1953

KAHN, CHARLES (ED.)

THE ART AND THOUGHT OF HERACLITUS
Cambridge: Cambridge University Press, 2008

KAPLEAU, ROSHI PHILIP

THREE PILLARS OF ZEN
Boston: Beacon Press, 1967

KARAGULLA, SHAFICA

THE CHAKRAS
Correlations between Medical Science and Clairvoyant Observation (With Dora van Gelder Kunz)
Wheaton: Quest Books, 1989

KLEIN, MELANIE

LOVE, GUILT AND REPARATION, AND OTHER WORKS 1921-1945
New York: Free Press, 1984
(Reissue Edition)

ENVY AND GRATITUDE AND OTHER WORKS 1946-1963
New York: Free Press, 2002
(Reissue Edition)

KRAEMER

THE FORBIDDEN LOVE
London, 1976

KRAFFT-EBING, RICHARD VON

PSYCHOPATHIA SEXUALIS
New York: Bell Publishing, 1965
Originally published in 1886

KRAUSE, DONALD G.

THE ART OF WAR FOR EXECUTIVES
London: Nicholas Brealey Publishing, 1995

KRISHNAMURTI, J.

FREEDOM FROM THE KNOWN
San Francisco: Harper & Row, 1969

THE FIRST AND LAST FREEDOM
San Francisco: Harper & Row, 1975

EDUCATION AND THE SIGNIFICANCE OF LIFE
London: Victor Gollancz, 1978

COMMENTARIES ON LIVING
First Series
London: Victor Gollancz, 1985

COMMENTARIES ON LIVING
Second Series
London: Victor Gollancz, 1986

KRISHNAMURTI'S JOURNAL
London: Victor Gollancz, 1987

KRISHNAMURTI'S NOTEBOOK
London: Victor Gollancz, 1986

BEYOND VIOLENCE
London: Victor Gollancz, 1985

BEGINNINGS OF LEARNING
New York: Penguin, 1986

THE PENGUIN KRISHNAMURTI READER
New York: Penguin, 1987

ON GOD
San Francisco: Harper & Row, 1992

ON FEAR
San Francisco: Harper & Row, 1995

THE ESSENTIAL KRISHNAMURTI
San Francisco: Harper & Row, 1996

THE ENDING OF TIME
With Dr. David Bohm
San Francisco: Harper & Row, 1985

LAING, RONALD DAVID

DIVIDED SELF
New York: Viking Press, 1991

R.D. LAING AND THE PATHS OF ANTI-PSYCHIATRY
ed., by Z. Kotowicz
London: Routledge, 1997

THE POLITICS OF EXPERIENCE
New York: Pantheon, 1983

LAKHOVSKY, GEORGES

SECRET OF LIFE
New York: Kessinger Publishing, 2003

LASZLO, ERVIN

SCIENCE AND THE AKASHIC FIELD
An Integral Theory of Everything
Rochester: Inner Traditions, 2004

QUANTUM SHIFT TO THE GLOBAL BRAIN
How the New Scientific Reality Can Change Us and Our World
Rochester: Inner Traditions, 2008

Science and the Reenchantment of the Cosmos
The Rise of the Integral Vision of Reality
Rochester: Inner Traditions, 2006

The Akashic Experience
Science and the Cosmic Memory Field
Rochester: Inner Traditions, 2009

The Chaos Point
The World at the Crossroads
Newburyport, MA: Hampton Roads Publishing, 2006

Laud, Anne & Gilstrop, May

Violence in the Family
A Selected Bibliography on Child Abuse, Sexual Abuse of
Children & Domestic Violence, June 1985, University of Georgia
Libraries, Bibliographical Series, No. 32

Leadbeater, Charles Webster

Astral Plane
Its Scenery, Inhabitants and Phenomena
Kessinger Publishing Reprint Edition, 1997

Dreams
What they Are and How they are Caused
London: Theosophical Publishing Society, 1903
Kessinger Publishing Reprint Edition, 1998

The Inner Life
Chicago: The Rajput Press, 1911
Kessinger Publishing

LEARY, TIMOTHY

OUR BRAIN IS GOD
Berkeley, CA: Ronin Publishing, 2001
Author Copyright 1988

LEBOYER, FREDERICK

BIRTH WITHOUT VIOLENCE
New York, 1975

INNER BEAUTY, INNER LIGHT
New York: Newmarket Press, 1997

LOVING HANDS
The Traditional Art of Baby Massage
New York: Newmarket Press, 1977

THE ART OF BREATHING
New York: Newmarket Press, 1991

LEGGETT, TREVOR P.

A FIRST ZEN READER
Rutland: C.E. Tuttle, 1980
Originally published in 1972

LEONARD, GEORGE, MURPHY, MICHAEL

THE LIVE WE ARE GIVEN
A Long Term Program for Realizing the
Potential of Body, Mind, Heart and Soul
New York: Jeremy P. Tarcher/Putnam, 1984

LICHT, HANS

SEXUAL LIFE IN ANCIENT GREECE
New York: AMS Press, 1995

LIEDLOFF, JEAN

CONTINUUM CONCEPT
In Search of Happiness Lost
New York: Perseus Books, 1986
First published in 1977

LIPTON, BRUCE

THE BIOLOGY OF BELIEF
Unleashing the Power of Consciousness, Matter and Miracles
Santa Rosa, CA: Mountain of Love/Elite Books, 2005

LOCKE, JOHN

SOME THOUGHTS CONCERNING EDUCATION
London, 1690
Reprinted in: The Works of John Locke, 1823
Vol. IX., pp. 6-205

LONG, MAX FREEDOM

THE SECRET SCIENCE AT WORK
The Huna Method as a Way of Life
Marina del Rey: De Vorss Publications, 1995
Originally published in 1953

GROWING INTO LIGHT
A Personal Guide to Practicing the Huna Method,
Marina del Rey: De Vorss Publications, 1955

LOWEN, ALEXANDER

BIOENERGETICS
New York: Coward, McGoegham 1975

DEPRESSION AND THE BODY
The Biological Basis of Faith and Reality
New York: Penguin, 1992

FEAR OF LIFE
New York: Bioenergetic Press, 2003

HONORING THE BODY
The Autobiography of Alexander Lowen
New York: Bioenergetic Press, 2004

JOY
The Surrender to the Body and to Life
New York: Penguin, 1995

LOVE AND ORGASM
New York: Macmillan, 1965

LOVE, SEX AND YOUR HEART
New York: Bioenergetics Press, 2004

NARCISSISM: DENIAL OF THE TRUE SELF
New York: Macmillan, Collier Books, 1983

PLEASURE: A CREATIVE APPROACH TO LIFE
New York: Bioenergetics Press, 2004
First published in 1970

THE LANGUAGE OF THE BODY
Physical Dynamics of Character Structure
New York: Bioenergetics Press, 2006

MALINOWSKI, BRONISLAW

CRIME UND CUSTOM IN SAVAGE SOCIETY
London: Kegan, 1926

SEX AND REPRESSION IN SAVAGE SOCIETY
London: Kegan, 1927

THE SEXUAL LIFE OF SAVAGES IN NORTH WEST MELANESIA
New York: Halycon House, 1929

MANN, EDWARD W.

ORGONE, REICH & EROS
Wilhelm Reich's Theory of Life Energy
New York: Simon & Schuster (Touchstone), 1973

MARTINSON, FLOYD M.

SEXUAL KNOWLEDGE
Values and Behavior Patterns
St. Peter: Minn.: Gustavus Adolphus College, 1966

INFANT AND CHILD SEXUALITY
St. Peter: Minn.: Gustavus Adolphus College, 1973

THE QUALITY OF ADOLESCENT EXPERIENCES
St. Peter: Minn.: Gustavus Adolphus College, 1974

THE CHILD AND THE FAMILY
Calgary, Alberta: The University of Calgary, 1980

THE SEX EDUCATION OF YOUNG CHILDREN
in: Lorna Brown (Ed.), Sex Education in the Eighties
New York, London: Plenum Press, 1981, pp. 51 ff.

THE SEXUAL LIFE OF CHILDREN
New York: Bergin & Garvey, 1994

CHILDREN AND SEX, PART II: CHILDHOOD SEXUALITY
in: Bullough & Bullough, Human Sexuality (1994)
Pp. 111-116

MASTERS, R.E.L.

FORBIDDEN SEXUAL BEHAVIOR AND MORALITY
New York, 1962

MCCAREY, WILLIAM A.

IN SEARCH OF HEALING
Whole-Body Healing Through the Mind-Body-Spirit Connection
New York: Berkley Publishing, 1996

MCLEOD, KEMBREW

FREEDOM OF EXPRESSION
Resistance and Repression in the Age of Intellectual Property
Minneapolis, MN: University of Minnesota Press, 2007

MCTAGGART, LYNNE

THE FIELD
The Quest for the Secret Force of the Universe
New York: Harper & Collins, 2002

MEAD, MARGARET

SEX AND TEMPERAMENT IN THREE PRIMITIVE SOCIETIES
New York, 1935

MEADOWS, DONELLA H.

THINKING IN SYSTEMS
A Primer
White River, VT: Chelsea Green Publishing, 2008

MEHTA, ROHIT

J. KRISHNAMURTI AND THE NAMELESS EXPERIENCE
A Comprehensive Discussion of J. Krishnamurti's Approach to
Life
Delhi: Motilal Banarsidass Publishers, 2002

MERLEAU-PONTY, MAURICE

PHENOMENOLOGY OF PERCEPTION
London: Routledge, 1995
Originally published 1945

METZNER, RALPH (ED.)

AYAHUASCA, HUMAN CONSCIOUSNESS AND THE SPIRITS OF NATURE
ed. by Ralph Metzner, Ph.D
New York: Thunder's Mouth Press, 1999

THE PSYCHEDELIC EXPERIENCE
A Manual Based on the Tibetan Book of the Dead
With Timothy Leary and Richard Alpert

New York: Citadel, 1995

MILLER, ALICE

FOUR YOUR OWN GOOD
Hidden Cruelty in Child-Rearing and the Roots of Violence
New York: Farrar, Straus & Giroux, 1983

PICTURES OF A CHILDHOOD
New York: Farrar, Straus & Giroux, 1986

THE DRAMA OF THE GIFTED CHILD
In Search for the True Self
translated by Ruth Ward
New York: Basic Books, 1996

THOU SHALT NOT BE AWARE
Society's Betrayal of the Child
New York: Noonday, 1998

THE POLITICAL CONSEQUENCES OF CHILD ABUSE
in: The Journal of Psychohistory 26, 2 (Fall 1998)

MOLL, ALBERT

THE SEXUAL LIFE OF THE CHILD
New York: Macmillan, 1912
First published in German as
Das Sexualleben des Kindes, 1909

MONROE, ROBERT

ULTIMATE JOURNEY
New York: Broadway Books, 1994

MONTAGU, ASHLEY

TOUCHING
The Human Significance of the Skin
New York: Harper & Row, 1978

MONTESSORI, MARIA

THE ABSORBENT MIND
Reprint Edition
New York: Buccaneer Books, 1995
First published in 1973

MOORE, THOMAS

CARE OF THE SOUL
A Guide for Cultivating Depth and Sacredness in Everyday Life
New York: Harper & Collins, 1994

MOSER, CHARLES ALLEN

DSM-IV-TR AND THE PARAPHILIAS: AN ARGUMENT FOR REMOVAL
With Peggy J. Kleinplatz
Journal of Psychology and Human Sexuality 17 (3/4), 91-109
(2005)

MURDOCK, G.

SOCIAL STRUCTURE
New York: Macmillan, 1960

MURPHY, JOSEPH

THE POWER OF YOUR SUBCONSCIOUS MIND
West Nyack, N.Y.: Parker, 1981, N.Y.: Bantam, 1982
Originally published in 1962

THE MIRACLE OF MIND DYNAMICS
New York: Prentice Hall, 1964

MIRACLE POWER FOR INFINITE RICHES
West Nyack, N.Y.: Parker, 1972

THE AMAZING LAWS OF COSMIC MIND POWER
West Nyack, N.Y.: Parker, 1973

SECRETS OF THE I CHING
West Nyack, N.Y.: Parker, 1970

THINK YOURSELF RICH
Use the Power of Your Subconscious Mind to Find True Wealth
Revised by Ian D. McMahan, Ph.D.
Paramus, NJ: Reward Books, 2001

MURPHY, MICHAEL

THE FUTURE OF THE BODY
Explorations into the Further Evolution of Human Nature
New York: Jeremy P. Tarcher/Putnam, 1992

MYERS, TONY PEARCE

THE SOUL OF CREATIVITY
Insights into the Creative Process
Novato, CA: New World Library, 1999

Myss, Caroline

The Creation of Health
The Emotional, Psychological, and Spiritual Responses that Promote Health and Healing
New York: Three Rivers Press, 1998

Naparstek, Belleruth

Your Sixth Sense
Unlocking the Power of Your Intuition
London: HarperCollins, 1998

Staying Well With Guided Imagery
New York: Warner Books, 1995

Narby, Jeremy

The Cosmic Serpent
DNA and the Origins of Knowledge
New York: J. P. Tarcher, 1999

Nau, Erika

Self-Awareness Through Huna
Virginia Beach: Donning, 1981

Neill, Alexander Sutherland

Neill! Neill! Orange-Peel!
New York: Hart Publishing Co., 1972

Summerhill
A Radical Approach to Child Rearing

New York: Hart Publishing, Reprint 1984
Originally published 1960

SUMMERHILL SCHOOL
A New View of Childhood
New York: St. Martin's Press
Reprint 1995

NEUMANN, ERICH

THE GREAT MOTHER
Princeton: Princeton University Press, 1955
(Bollingen Series)

NEWTON, MICHAEL

LIFE BETWEEN LIVES
Hypnotherapy for Spiritual Regression
Woodbury, Minn.: Llewellyn Publications, 2006

NICHOLS, SALLIE

JUNG AND TAROT: AN ARCHETYPAL JOURNEY
New York: Red Wheel/Weiser, 1986

NIN, ANAÏS

THE DIARY OF ANAÏS NIN (7 VOLUMES)
New York, 1966

VOLUME 1 (1931-1934)
New York: Harvest Books, 1969

VOLUME 2 (1934-1939)
New York: Harvest Books, 1970

ODENT, MICHEL

BIRTH REBORN
What Childbirth Should Be
London: Souvenir Press, 1994

THE SCIENTIFICATION OF LOVE
London: Free Association Books, 1999

PRIMAL HEALTH
Understanding the Critical Period Between Conception
and the First Birthday
London: Clairview Books, 2002
First Published in 1986 with Century Hutchinson in London

THE FUNCTIONS OF THE ORGASMS
The Highway to Transcendence
London: Pinter & Martin, 2009

OLLENDORF-REICH, ILSE

WILHELM REICH, A PERSONAL BIOGRAPHY
New York, St. Martins Press, 1969

WILHELM REICH
Vorwort von A.S. Neill
München, Kindler, 1975

PEARCE MYERS, TONY (EDITOR)

THE SOUL OF CREATIVITY
Insights into the Creative Process
Novato: New World Library, 1999

PERT, CANDACE B.

MOLECULES OF EMOTION
The Science Behind Mind-Body Medicine
New York: Scribner, 2003

PETRASH, JACK

UNDERSTANDING WALDORF EDUCATION
Teaching from the Inside Out
London: Floris Books, 2003

PLUMMER, KENNETH

PEDOPHILIA
Constructing a Sociological Baseline
in: in: Cook, M. and Howells, K. (Eds.):
Adult Sexual Interest in Children
Academic Press, London, 1980, pp. 220 ff.

PORTEOUS, HEDY S.

SEX AND IDENTITY
Your Child's Sexuality
Indianapolis: Bobbs-Merrill, 1972

PRESCOTT, JAMES W.

AFFECTIONAL BONDING FOR THE PREVENTION OF VIOLENT BEHAVIORS
Neurobiological, Psychological and Religious/Spiritual Determinants, in: Hertzberg, L.J., Ostrum, G.F. and Field, J.R., (Eds.)

VIOLENT BEHAVIOR
Vol. 1, Assessment & Intervention, Chapter Six
New York: PMA Publishing, 1990

ALIENATION OF AFFECTION
Psychology Today, December 1979

BODY PLEASURE AND THE ORIGINS OF VIOLENCE
Bulletin of the Atomic Scientists, 10-20 (1975)

DEPRIVATION OF PHYSICAL AFFECTION AS A PRIMARY PROCESS IN THE DEVELOPMENT OF PHYSICAL VIOLENCE A COMPARATIVE AND CROSS-CULTURAL PERSPECTIVE, IN: DAVID G. GIL, ED., CHILD ABUSE AND VIOLENCE
New York: Ams Press, 1979

EARLY SOMATOSENSORY DEPRIVATION AS AN ONTOGENETIC PROCESS IN THE ABNORMAL DEVELOPMENT OF THE BRAIN AND BEHAVIOR,
in: Medical Primatology, ed. by I.E. Goldsmith and J. Moor-Jankowski,
New York: S. Karger, 1971

GENITAL MUTILATION OF CHILDREN: FAILURE OF HUMANITY AND HUMANISM
Unprinted Essay (2005)
http://www.violence.de/prescott/letters/
CIRC_CONGRESS_MONTAGUE_9.30.05.html

GENITAL PAIN VS. GENITAL PLEASURE
Why the One and not the Other
The Truth Seeker, July/August 1989, pp. 14-21
http://www.violence.de/prescott/truthseeker/genpl.html

How Culture Shapes the Developing Brain and the Future of Humanity
A Brief Summary of the research which links brain abnormalities and violence to an absence of nurturing and bonding very early in childhood, in: Touch the Future: Optimum Learning Relationships

for Children & Adults
Spring 2002 (Ed. by Michael Mendizza)
Nevada City, CA, 2002

Invited Commentary: Central nervous system functioning in altered sensory environments
in: M.H. Appley and R. Trumbull (Eds.), Psychological Stress,
New York: Appleton-Century Crofts, 1967

Our Two Cultural Brains: Neurointegrative and Neurodissociative
http://www.violence.de/prescott/letters/Our_Two_Cultural_Brains.pdf

Phylogenetic and ontogenetic aspects of human affectional development,
in: Progress in Sexology, Proceedings of the 1976 International,
Congress of Sexology, ed. by R. Gemme & C.C. Wheeler, New York: Plenum Press, 1977

Prevention or Therapy and the Politics of Trust Inspiring a New Human Agenda
in: Psychotherapy and Politics International
Volume 3(3), pp. 194-211
London: John Wiley, 2005

Sex and the Brain
Midcontinent & Eastern Regions, June 13-16, 2002
Big Rapids, MI: Society for Cross-Cultural Research,
32nd Annual Meeting, 2005

http://www.violence.de/archive.shtml

Sixteen Principles for Personal, Family and Global Peace
The Truth Seeker, March/April 1989
http://www.violence.de/prescott/letters/Sixteen_Principles.pdf

Somatosensory affectional deprivation (SAD) theory of drug and alcohol use
in: Theories on Drug Abuse: Selected Contemporary Perspectives, ed. by Dan J. Lettieri, Mollie Sayers and Helen Wallenstien Pearson, NIDA Research Monograph 30, March 1980, Rockville, MD: National Institute on Drug Abuse, Department of Health and Human Services, 1980

The Origins of Human Love and Violence
Pre- and Perinatal Psychology Journal, Volume 10, Number 3: Spring 1996, pp. 143-188The Origins of Love and Violence

Sensory Deprivation and the Developing Brain
Research and Prevention (DVD)
http://ttfuture.org/store/origins_orders
http://violence.de
http://ttfuture.org/violence
http://montagunocircpetition.org

PRITCHARD, COLIN

The Child Abusers
New York: Open University Press, 2004

RAKNES, OLA

Wilhelm Reich and Orgonomy
Oslo: Universitetsforlaget, 1970

RANDALL, NEVILLE

LIFE AFTER DEATH
London: Robert Hale, 1999

RANK, OTTO

ART AND ARTIST
With Charles Francis Atkinson and Anaïs Nin
New York: W.W. Norton, 1989
Originally published in 1932

THE SIGNIFICANCE OF PSYCHOANALYSIS FOR THE MENTAL SCIENCES
New York: BiblioBazaar, 2009
First published in 1913

REDFIELD, JAMES

THE TENTH INSIGHT
Holding the Vision
New York: Warner Books, 1996

THE CELESTINE PROPHECY
New York: Warner Books, 1995

REICH, WILHELM

A REVIEW OF THE THEORIES, DATING FROM THE 17TH CENTURY, ON THE ORIGIN OF ORGANIC LIFE
by Arthur Hahn, Literature Assistant at the Institut für Sexualökonomische Lebensforschung, Biologisches Laboratorium, Oslo, 1938, ©1979 Mary Boyd Higgins as Director of the Wilhelm Reich Infant Trust, XEROX Copy from the Wilhelm Reich Museum

CHILDREN OF THE FUTURE
On the Prevention of Sexual Pathology
New York: Farrar, Straus & Giroux, 1984
First published in 1950

CORE (COSMIC ORGONE ENGINEERING)
Part I, Space Ships, DOR and DROUGHT
©1984, Orgone Institute Press
XEROX Copy from the Wilhelm Reich Museum
Köln: Kiepenheuer & Witsch, 1987

EARLY WRITINGS 1
New York: Farrar, Straus & Giroux, 1975

ETHER, GOD & DEVIL & COSMIC SUPERIMPOSITION
New York: Farrar, Straus & Giroux, 1972
Originally published in 1949

GENITALITY IN THE THEORY AND THERAPY OF NEUROSIS
©1980 by Mary Boyd Higgins as Director of the Wilhelm Reich
Infant Trust

PEOPLE IN TROUBLE
©1974 by Mary Boyd Higgins as Director of the Wilhelm Reich
Infant Trust

RECORD OF A FRIENDSHIP
The Correspondence of Wilhelm Reich and A. S. Neill
New York, Farrar, Straus & Giroux, 1981

SELECTED WRITINGS
An Introduction to Orgonomy
New York: Farrar, Straus & Giroux, 1973

THE BIOELECTRICAL INVESTIGATION OF SEXUALITY AND ANXIETY
New York: Farrar, Straus & Giroux, 1983
Originally published in 1935

BIBLIOGRAFIA

THE BION EXPERIMENTS
reprinted in Selected Writings
New York: Farrar, Straus & Giroux, 1973

THE CANCER BIOPATHY (THE ORGONE, VOL. 2)
New York: Farrar, Straus & Giroux, 1973

THE FUNCTION OF THE ORGASM (THE ORGONE, VOL. 1)
Orgone Institute Press, New York, 1942

THE INVASION OF COMPULSORY SEX MORALITY
New York: Farrar, Straus & Giroux, 1971
Originally published in 1932

THE LEUKEMIA PROBLEM: APPROACH
©1951, Orgone Institute Press
Copyright Renewed 1979
XEROX Copy from the Wilhelm Reich Museum

THE MASS PSYCHOLOGY OF FASCISM
New York: Farrar, Straus & Giroux, 1970
Originally published in 1933

THE ORGONE ENERGY ACCUMULATOR
Its Scientific and Medical Use
©1951, 1979, Orgone Institute Press
XEROX Copy from the Wilhelm Reich Museum

THE SCHIZOPHRENIC SPLIT
©1945, 1949, 1972 by Mary Boyd Higgins as Director of the
Wilhelm Reich Infant Trust
XEROX Copy from the Wilhelm Reich Museum

THE SEXUAL REVOLUTION
©1945, 1962 by Mary Boyd Higgins as Director of the
Wilhelm Reich Infant Trust

RISO, DON RICHARD & HUDSON, RUSS

THE WISDOM OF THE ENNEAGRAM
The Complete Guide to Psychological and Spiritual Growth
For The Nine Personality Types
New York: Bantam Books, 1999

ROBBINS, ANTHONY

AWAKEN THE GIANT WITHIN
New York: Simon & Schuster, 1991

UNLIMITED POWER
The New Science of Personal Achievement
New York: Free Press, 1997

ROBERTS, JANE

THE NATURE OF PERSONAL REALITY
New York: Amber-Allen Publishing, 1994
First published in 1974

THE NATURE OF THE PSYCHE
Its Human Expression
New York, Amber-Allen Publishing, 1996
First published in 1979

ROSEN, SYDNEY (ED.)

MY VOICE WILL GO WITH YOU
The Teaching Tales of Milton H. Erickson
New York: Norton & Co., 1991

ROTHSCHILD & WOLF

CHILDREN OF THE COUNTERCULTURE
New York: Garden City, 1976

SANDFORT, THEO

THE SEXUAL ASPECT OF PEDOPHILE RELATIONS
The Experience of Twenty-five Boys
Amsterdam: Pan/Spartacus, 1982

SCHLIPP, PAUL A. (ED.)

ALBERT EINSTEIN
Philosopher-Scientist
New York: Open Court Publishing, 1988

SCHWARTZ, ANDREW E.

GUIDED IMAGERY FOR GROUPS
Fifty Visualizations That Promote Relaxation, Problem-Solving,
Creativity, and Well-Being
Whole Person Associates, 1995

SHARAF, MYRON

FURY ON EARTH
A Biography of Wilhelm Reich
London: André Deutsch, 1983

SHELDRAKE, RUPERT

A NEW SCIENCE OF LIFE
The Hypothesis of Morphic Resonance
Rochester: Park Street Press, 1995

SHER, BARBARA & GOTTLIEB, ANNIE

WISHCRAFT
How to Get What You Really Want
2nd edition, New York: Ballantine Books, 2003

SHONE, RONALD

CREATIVE VISUALIZATION
Using Imagery and Imagination for Self-Transformation
New York: Destiny Books, 1998

SIMONTON, O. CARL ET AL.

GETTING WELL AGAIN
Los Angeles: Tarcher, 1978

SINGER, JUNE

ANDROGYNY
New York: Doubleday Dell, 1976

SMITH, C. MICHAEL

JUNG AND SHAMANISM IN DIALOGUE
London: Trafford Publishing, 2007

BIBLIOGRAFIA

SPOCK, BENJAMIN

DR. SPOCK'S BABY AND CHILD CARE
8th Edition
New York: Pocket Books, 2004

STEIN, ROBERT M.

REDEEMING THE INNER CHILD IN MARRIAGE AND THERAPY
in: Reclaiming the Inner Child
ed. by Jeremiah Abrams
New York: Tarcher/Putnam, 1990, 261 ff.

STEINER, RUDOLF

THEOSOPHY
An Introduction to the Spiritual Processes in Human Life
and in the Cosmos
New York: Anthroposophic Press, 1994

STEKEL, WILHELM

AUTO-EROTICISM
A Psychiatric Study of Onanism and Neurosis
Republished, London: Paul Kegan, 2004

PATTERNS OF PSYCHOSEXUAL INFANTILISM
New York, 1959 (reprint edition)

SADISM AND MASOCHISM
New York: W.W. Norton & Co., 1953

SEX AND DREAMS
The Language of Dreams

Republished
New York: University Press of the Pacific, 2003

STIENE, BRONWEN & FRANS

THE REIKI SOURCEBOOK
New York: O Books, 2003

THE JAPANESE ART OF REIKI
A Practical Guide to Self-Healing
New York: O Books, 2005

STONE, HAL & STONE, SIDRA

EMBRACING OUR SELVES
The Voice Dialogue Manual
San Rafael, CA: New World Library, 1989

STRASSMAN, RICK

DMT: THE SPIRIT MOLECULE
A doctor's revolutionary research into the biology of near-death
and mystical experiences
Rochester: Park Street Press, 2001

SYMONDS, JOHN ADDINGTON

A PROBLEM IN GREEK ETHICS
New York: M.S.G. House, 1971

Szasz, Thomas

The Myth of Mental Illness
New York: Harper & Row, 1984

Talbot, Michael

The Holographic Universe
New York: HarperCollins, 1992

Tarnas, Richard

Cosmos and Psyche
Intimations of a New World View
New York: Plume, 2007

The Passion of the Western Mind
Understanding the Ideas that have Shaped Our World View
New York: Ballantine Books, 1993

Tart, Charles T.

Altered States of Consciousness
A Book of Readings
Hoboken, N.J.: Wiley & Sons, 1969

Textor, R. B.

A Cross-Cultural Summary
New Haven, Human Relations Area Files (HRAF)
Press, 1967

THE ADVENT OF GREAT AWAKENING

A COURSE IN MIRACLES
Text Workbook and Manual for Teachers
New York: New Christian Church of Full Endeavor, 2007

TILLER, WILLIAM A.

CONSCIOUS ACTS OF CREATION
The Emergence of a New Physics
Associated Producers, 2004 (DVD)

PSYCHOENERGETIC SCIENCE
New York: Pavior, 2007

TOFFLER, ALVIN

POWERSHIFT
Knowledge, Wealth, and Violence at the Edge of the 21st Century
New York: Bantam, 1991

REVOLUTIONARY WEALTH
How it will be created and how it will change our lives
New York: Broadway Business, 2007

THE THIRD WAVE
New York: Bantam, 1984

TOLLE, ECKHART

THE POWER OF NOW
A Guide to Spiritual Enlightenment
Novato, CA: New World Library, 2004

A New Earth: Awakening to Your Life's Purpose
New York: Michael Joseph (Penguin), 2005

Van GElder, Dora

The Real World of Fairies
A First-Person Account
2nd Edition
Wheaton: Quest Books, 1999

Villoldo, Alberto

Healing States
A Journey Into the World of Spiritual Healing and Shamanism
With Stanley Krippner
New York: Simon & Schuster (Fireside), 1987

Dance of the Four Winds: Secrets of the Inca Medicine Wheel
With Eric Jendresen
Rochester: Destiny Books, 1995

Shaman, Healer, Sage
How to Heal Yourself and Others with the Energy Medicine
of the Americas
New York: Harmony, 2000

Healing the Luminous Body
The Way of the Shaman with Dr. Alberto Villoldo
DVD, Sacred Mysteries Productions, 2004

Mending The Past And Healing The Future with Soul Retrieval
New York: Hay House, 2005

WHITFIELD, CHARLES L.

HEALING THE CHILD WITHIN
Deerfield Beach, Fl: Health Communications, 1987

WHITING, BEATRICE B.

CHILDREN OF SIX CULTURES
A Psycho-Cultural Analysis
Cambridge: Harvard University Press, 1975

WILBER, KEN

SEX, ECOLOGY, SPIRITUALITY
The Spirit of Evolution
Boston: Shambhala, 2000

QUANTUM QUESTIONS
Mystical Writings of The World's Greatest Physicists
Boston: Shambhala, 2001

WILLIAMS, STREPHON KAPLAN

DREAMS AND SPIRITUAL GROWTH
With Patricia H. Berne and Louis M. Savary
New York: Paulist Press, 1984

DREAM CARDS
Understand Your Dreams and Enrich Your Life
New York: Simon & Schuster (Fireside), 1991

WOLF, FRED ALAN

TAKING THE QUANTUM LEAP
The New Physics for Nonscientists
New York: Harper & Row, 1989

PARALLEL UNIVERSES
New York: Simon & Schuster, 1990

THE DREAMING UNIVERSE
A Mind-Expanding Journey into the Realm Where Psyche and
Physics Meet
New York: Touchstone, 1995

THE EAGLE'S QUEST
A Physicist Finds the Scientific Truth At the Heart of the
Shamanic World
New York: Touchstone, 1997

YATES, ALAYNE

SEX WITHOUT SHAME: ENCOURAGING THE CHILD'S HEALTHY SEXUAL
DEVELOPMENT
New York, 1978
Republished Internet Edition

ZUKAV, GARY

THE DANCING WU LI MASTERS
An Overview of the New Physics
New York: HarperOne, 2001

Parallelamente a una carriera di diritto internazionale in Germania, Svizzera e Stati Uniti, il Dr. Peter Fritz Walter (Pierre) si è concentrato sulle belle arti, la cucina, l'astrologia, la performance musicale, e le scienze sociali e umanistiche.

Ha iniziato a scrivere saggi da adolescente e ha ricevuto un premio per la scrittura creativa e il lavoro editoriale per la rivista scolastica.

Dopo aver conseguito il diploma in giurisprudenza, si è laureato con un LL.M. in Integrazione Europea all'Università di Saarland, Germania, e con un titolo di dottore in giurisprudenza all'Università di Ginevra, Svizzera, nel 1987.

Ha poi seguito corsi di psicologia all'Università di Ginevra e ha intervistato diversi psicoterapeuti a Losanna e a Ginevra, in Svizzera. Il suo interesse si è intensificato grazie a una ipnoterapia con un ipnoterapista americano Ericksoniano a Losanna. Questo lo ha portato al recupero e alla guarigione del suo bambino interiore.

Nel 1986 incontrò a Parigi la defunta psicoterapeuta e psicoanalista infantile francese Françoise Dolto (1908-1988) e la intervistò. Al loro incontro ha fatto seguito una lunga corrispondenza che è stata considerata dai curatori del Dolto Trust abbastanza interessante da essere pubblicata in un libro insieme a tutti gli altri scambi di lettere di Dolto da parte della Gallimard Publishers a Parigi, nel 2005.

Dopo una seconda carriera come formatore aziendale e personal coach, Pierre si è ritirato come scrittore, filosofo e consulente a tempo pieno.

I suoi libri di saggistica sottolineano una prospettiva sistemica, olistica, interculturale e interdisciplinare, mentre le sue opere di narrativa e i suoi racconti si concentrano sull'educazione, la filosofia, la saggezza perenne e la formulazione poetica di una visione del mondo integrativa.

Pierre è di madrelingua bilingue tedesco-francese e scrive l'inglese come quarta lingua dopo il tedesco, il latino e il francese. Legge anche la letteratura di fonte per le sue ricerche in spagnolo, italiano, portoghese e olandese. Inoltre, Pierre ha nozioni di thailandese, khmer, cinese e giapponese.

Tutti i libri di Pierre sono realizzati a mano e autoprodotti, disegnati dall'autore. Pierre pubblica attraverso la sua società del Delaware, Sirius-C Media Galaxy LLC, e sotto l'impronta di IPUBLICA e SCM (Sirius-C Media).

9 798663 247078